四川省社科联、乐山师范学院学科共建项目
（项目编号：SC15XK054）

中国经济文库·应用经济学精品系列（二）

农产品加工企业空间集聚发展研究

The Research on the Spatial Agglomeration Development of Agricultural Product Processing Enterprises

罗富民◎著

中国经济出版社
CHINA ECONOMIC PUBLISHING HOUSE
北京

图书在版编目（CIP）数据

农产品加工企业空间集聚发展研究/罗富民著.
—北京：中国经济出版社，2019.11
ISBN 978-7-5136-5661-0
Ⅰ.①农… Ⅱ.①罗… Ⅲ.①农产品加工—加工工业—产业发展—研究—中国 Ⅳ.①F326.5

中国版本图书馆 CIP 数据核字（2019）第 077256 号

责任编辑 宋庆万
责任印制 巢新强
封面设计 华子图文设计公司

出版发行 中国经济出版社
印 刷 者 北京艾普海德印刷有限公司
经 销 者 各地新华书店
开 本 710mm×1000mm 1/16
印 张 13
字 数 150千字
版 次 2019年11月第1版
印 次 2019年11月第1次
定 价 48.00元
广告经营许可证 京西工商广字第8179号

中国经济出版社 **网址** www.economyph.com **社址** 北京市东城区安定门外大街58号 **邮编** 100011

前言

农产品加工产业是农业现代化的重要标志，是国民经济的重要支柱，也是建设健康中国保障群众营养健康的重要民生产业。大力发展农产品加工产业，充分发挥农产品加工产业的引领带动作用，是促进农业提质增效、农民就业增收、农村繁荣稳定、构建现代农业产业体系的战略性选择。空间集聚是现代经济发展的基本特征。农产品加工企业空间集聚是指相互独立而又存在某种关联的农产品加工企业在一定地域空间形成地理集中的过程及现象。促进农产品加工企业空间集聚发展，不仅是发挥聚集效应，提升企业自身竞争力的现实需要，而且对于优化国土空间布局、提升土地资源利用效率、促进城镇化与农业现代化协调发展有着重要的战略意义。

本书主要以农产品加工企业层面的空间集聚问题为研究对象。首先，选用新的方法对我国农产品加工企业空间集聚度进行测算；然后，借鉴现有的产业集聚理论，对农产品加工企业空间集聚的形成机理进行探讨，进而分析农产品加工企业空间集聚的影响因素以及产生的经济社会效应；最后，提出进一步提升农产品加工企业空间集聚效应的对策建议。

（1）本书的主要内容

①农产品加工企业空间集聚现状分析。具体而言，对农产品加工产业包含的统计口径进行界定，利用统计年鉴中的相关数据，采用合适的方法，对农产品加工企业空间集聚度进行测算。通过测算结果揭示我国农产品加工企业空间集聚的行业特征和区域特征。

②农产品加工企业空间集聚形成机理及影响因素研究。具体而言，借鉴现有的产业区理论、工业区理论、分工集聚理论以及新经济地理学理论，结合农产品加工企业的产业特性，对农产品加工企业空间集聚的形成起点、集聚过程、集聚结果及边界等进行探讨，以揭示农产品加工企业空间集聚的形成机理。然后，根据农产品加工企业空间集聚的形成机理，选择可以进行量化分析的多个因素，采用动态面板数据分析法，对农产品加工企业空间集聚的影响因素进行理论和实证分析。同时，以四川省为例，对全省不同行业、不同地区农产品加工企业空间集聚的影响因素进行案例分析。

③农产品加工企业空间集聚经济社会效应研究。具体而言，把农产品加工企业空间集聚经济社会效应划分为对农产品加工产业自身的成长效应和对农产品加工产业以外的农业发展、农民收入增长、人口城镇化的外部经济效应。在对农产品加工企业空间集聚产业成长效应研究上，主要采用门槛面板数据模型，分析农产品加工企业空间集聚对产业规模扩大、产业效率提升及产业竞争力提升的影响。在对农产品加工企业空间集聚外部效应研究上，主要采用空间面板数据模型，分析农产品加工企业空间集聚对农业发展、农民收入增长、人口城镇化的影响，并揭示其存在的空间外溢效应。

④提升农产品加工企业空间集聚效应的对策建议。本部分主要是基

于第三部分的研究结果，并结合当前我国农产品加工企业空间集聚发展中存在的问题，进一步探讨提升农产品加工企业空间集聚的产业成长效应、农业发展效应、农民增收效应、人口城镇化效应的对策建议。通过这些对策建议研究，意在促进农产品加工企业空间集聚发展，同时更好地发挥其对经济社会发展的积极促进作用。

（2）本书的主要结论

①我国农产品加工企业空间集聚呈现出显著的区域特征。从企业数量看，我国农产品加工企业主要集聚在中东部地区，而东北和西部地区的空间集聚度较低；从企业产值看，我国农产品加工企业的空间集聚整体比较分散；从企业空间密度指数看，我国农产品加工企业主要集聚在东部地区，其次是中部地区，而东北和西部地区农产品加工企业空间集聚度整体较低；从行业看，绝大多数省份食品饮料行业的空间集聚度较高，上海、江苏、浙江、福建、广东等东部省份在纺织服装行业的空间集聚度较高，东北和西部地区的林木制品业空间集聚度较高。

②农产品加工企业空间集聚的机理主要包括空间集聚的形成起点、集聚强化过程、集聚的结果、集聚的边界。原材料供应和市场需求是农产品加工企业空间集聚的起点，农产品加工企业空间集聚的产生到底是在原料产地还是在市场需求地，则取决于原料运输成本和产成品运输成本的高低。原料供应的强化、市场需求的强化、技术的外溢效应、区域品牌效应、产业内部分工、地方政府支持等因素，会不断提升集聚地区农产品加工企业的空间集聚程度；而农产品加工企业空间集聚的结果表现为专业化集聚和多样化集聚。原料供应边界、市场需求边界和企业竞争加剧，使得农产品加工企业空间集聚不会没有终点，可能会出现停止甚至分散。

③农产品加工企业空间集聚主要受到原材料供应、市场需求变化、

交通运输条件、地方政府支持以及累积循环因果效应的影响。农业发展是农产品加工企业空间集聚的原料供应基础，人口城镇化和非农产业发展是促进农产品加工市场需求不断扩大，进而导致农产品加工企业空间集聚的条件；而交通运输条件的改善对农产品加工企业空间集聚的影响具有不确定性，地方政府支持是农产品加工企业空间集聚的重要原因。从动态面板数据模型的计量分析结果看，我国的农产品加工企业空间集聚度存在非常明显的累积循环因果效应。原材料供应对农产品加工企业空间集聚度的影响已经变得不是非常重要；市场需求对农产品加工企业空间集聚存在显著的促进作用；交通运输条件的改善对于农产品加工企业空间集聚度的影响存在不确定性；政府的支持虽然对农产品加工企业空间集聚存在促进作用，但是这种作用还不显著。

④农产品加工企业空间集聚将通过影响产业规模、产业效率和产业竞争力等方面，对农产品加工企业的成长产生影响。门槛面板数据模型的实证分析表明，农产品加工企业空间集聚对农产品加工产业的成长存在显著的门槛效应。具体表现在，农产品加工企业空间集聚度小于1.7166时，农产品加工企业空间集聚可以显著促进农产品加工产业规模扩大；但是企业空间集聚度大于1.7166时，农产品加工企业空间集聚会对农产品加工产业规模扩张产生负面影响。农产品加工企业空间集聚度对农产品加工产业产业效率的影响，依赖两个门槛变量：一是农产品加工企业空间集聚度本身，当集聚度小于1.21时，农产品加工企业空间集聚可以显著地提升农产品加工产业效率；而当集聚度大于1.21时，由于拥挤效应的负面影响，会导致农产品加工企业空间集聚对效率提升产生副作用。二是农产品加工企业规模，当农产品加工企业规模小于0.3665亿元时，农产品加工企业空间集聚对产业效率的影响不显著；

而当企业规模大于0.3665亿元时，农产品加工企业空间集聚会显著地提升农产品加工产业效率。农产品加工企业空间集聚总体上都可以促进农产品加工产业竞争力的提升。当空间集聚度小于3.3时，对竞争力提升的作用更强；而当集聚度大于3.3时，对竞争力提升的作用有所减弱。

⑤农产品加工企业空间集聚将对农业发展、农民收入增长和人口城镇化产生重要影响，且这种影响存在空间外部效应。首先，农产品加工企业空间集聚可以通过扩大农产品市场需求、降低农产品交易成本、提升农产品品牌价值，对农业生产技术变革和生产经营制度创新等方面产生积极影响。其次，农产品加工企业空间集聚有利于促进农民的家庭经营收入、工资性收入和财产性收入增长。再次，农产品加工企业空间集聚可以通过带动农村人口城镇就业、降低产品交易费用、为城镇人口消费提供支撑等途径促进人口城镇化进程。

⑥农产品加工企业空间集聚的经济社会效应需要进一步提升。对产业成长效应而言，要构建农产品加工企业协同创新体系，加强农产品加工企业专用原料基地建设，加快农产品加工企业专业劳动力市场建设。就农业发展效应而言，要稳定农产品产业连接与交易关系，加强对农业发展的技术反哺，促进农业生产经营制度变革。对农民增收效应而言，要完善农产品加工企业与农户间的利益共享机制，保障农产品加工企业就业农民工的合法权益，保障农民土地流转中的合法权益。对人口城镇化效应而言，要完善农产品加工企业集聚区市政设施建设，加强农产品加工企业产品质量安全监管，加强农产品加工企业集聚区生态环境建设。

（3）本书的主要创新点

本书的主要特色和创新点体现在以下三个方面：

一是基于农产品加工企业数量的统计数据，采用农产品加工企业空间密度指数对农产品加工企业空间集聚度进行测算。该方法弥补了现有研究采用行业产值或行业就业人员数据测度农产品加工产业集聚度的不足。该方法也充分体现了本书所探讨的是农产品加工企业空间集聚问题，而不是一般意义上的农产品加工产业空间集聚问题，尽管二者之间存在密切关系。

二是对农产品加工企业空间集聚的形成机理进行系统深入的分析。具体体现在，从空间集聚的形成起点、空间集聚的过程、空间集聚的结果及边界等方面，对农产品加工企业空间集聚的形成进行全面深入的阐述，弥补了现有研究的不足。

三是采用动态面板、门槛面板、空间面板等计量模型对农产品加工企业空间集聚的影响因素及经济社会效应进行全面系统的分析。在研究方法上，采用动态面板模型，揭示了农产品加工企业空间集聚的累积循环因果效应；采用门槛面板模型，揭示了农产品加工企业空间集聚对产业成长的门槛效应；采用空间面板模型，揭示了农产品加工企业空间集聚的外部效应。这些计量分析方法的采用，在一定程度上弥补了现有研究采用普通面板数据模型进行计量分析的不足。

目　录

第七章　提升农产品加工企业空间集聚效应的对策

第八章　研究结论及问题讨论

第一章　绪论

一、研究背景及意义

《全国农产品加工产业与农村一二三产业融合发展规划（2016—2020年)》指出，农产品加工产业是农业现代化的重要标志，是国民经济的重要支柱，也是建设健康中国保障群众营养健康的重要民生产业。近年来，我国农产品加工产业快速发展，为稳增长、调结构、促改革、惠民生做出了重要贡献。但是，我国农产品加工率只有55%，低于发达国家的80%；果品加工率只有10%，低于世界30%的水平；肉类加工率只有17%，低于发达国家的60%；而我国农产品加工产业与农业总产值之比为2.2∶1，也明显低于发达国家的4∶1～3∶1。[①] 因此,大力发展农产品加工产业,充分发挥农产品加工产业的引领带动作用,是促进农业提质增效、农民就业增收、农村繁荣稳定、构建现代农业产业体系的战略性选择。这对于推进农村一二三产业融合发展,实现新型工业化、城镇化、信息化、农业现代化、绿色化同步发展和城乡一体化具有重要的现实意义。

---

① 宗锦耀. 当前我国农产品加工产业发展形势与任务［J］. 农产品市场周刊，2015（30）：33－36.

空间集聚是现代经济发展的基本特征。农产品加工企业空间集聚是指相互独立而又存在某种关联的农产品加工企业在一定地域空间形成地理集中的过程及现象。集聚发展是实现农产品加工企业规模递增的重要途径,也是在土地资源约束不断增强背景下提升土地利用效率的必然选择,对于促进农产品加工产业转型升级具有重要的现实意义。我国农产品加工产业发展虽然取得了显著成效,但是企业空间分布相对分散,企业竞争力仍然较弱,对城镇化与农业现代化的带动作用仍然不强。农产品加工企业85%是规模以下企业,95%是点状分布,产业分工不够,资源不能共享。[①] 为此,《国务院办公厅关于进一步促进农产品加工产业发展的意见(国办发〔2016〕93号)》提出:"要引导加工产能向农产品主产区、优势区和物流节点集聚,促进加工企业向园区集中,打造专用原料、加工转化、现代物流、便捷营销融合发展的产业集群。"因此,促进农产品加工企业空间集聚发展,不仅是发挥聚集效应、提升企业自身竞争力的现实需要,而且对于优化国土空间布局,提升土地资源利用效率,促进城镇化与农业现代化协调发展有着重要的战略意义。

二、文献综述

由于产业空间集聚的形成是以企业空间集聚为基础,企业空间集聚达到一定程度后必然会导致产业空间集聚。因此,在对企业空间集聚与产业空间集聚的研究上,学者们并没有加以严格区分。在对相关文献的回顾中,除特别说明外,本书对二者的提法也不做严格区分。

产业空间集聚问题自马歇尔(1890)提出以来一直受到国内外学者

① 宗锦耀. 当前我国农产品加工产业发展形势与任务[J]. 农产品市场周刊, 2015(30): 33-36.

的广泛关注。[①] 以 Porter（1998）[②]、M. Fujita 和 P. Krugman（1999）[③]、Pascal Mossay（2013）[④]、William A. Anastasios（2014）[⑤]、Tomoya Moria 和 Tony E. Smith（2015）[⑥]、梁琦（2003，2005，2012）[⑦⑧⑨]、安虎森（2005）[⑩]、魏后凯（2004）[⑪] 等为代表的国内外学者对产业空间集聚的形成原因及影响因素、产业空间集聚效应等问题进行了大量的理论与实证研究。但是这些研究主要探讨的是制造业空间集聚的一般问题，而专门研究农产品加工产业空间集聚问题的文献较少（本书仅仅查找到20余篇有价值的相关文献）。尽管农产品加工产业空间集聚需要以产业集聚的一般理论为基础，但是本书重点关注的是农产品加工产业空间集聚问题。因此，限于篇幅的原因，我们主要对研究农产品加工产业空间集聚的20余篇相关文献进行总结梳理。在这20余篇文献中，学者们主要对农产品加工产业空间集聚测度及现状、农产品加工产业空间集聚形成原因及影响因素、农产品加工产业空间集聚效应，以及促进农产品加工产业空间集聚发展的对策建议进行了研究。

---

① 马歇尔．经济学原理[M]．朱志泰，译．北京：商务印书馆，1964.

② Porter M. The Competitive Advantage of Nations[M]. New York：The Free Press，1998.

③ Fujita M，Krugman P，Venables A J. The Spatial Economy：Cities，Regions and International Trade [M]. Cambridge：MIT Press，1999.

④ Pascal Mossay. A Theory of Rational Spatial Agglomerations [J]. Regional Science and Urban Economics，2013，43（2）：385－394.

⑤ Brock William A，Xepapadeas Anastasios，Yannacopoulos Athanasios N. Spatial Externalities and Agglomeration in a Competitive Industry [J]. Journal of Economic Dynamics and Control，2014（42）：143－174.

⑥ Tomoya Moria，Tony E Smith. On the Spatial Scale of Industrial Agglomerations [J]. Journal of Urban Economics，2015（89）：1－20.

⑦ 梁琦．空间集聚的基本因素考察[J]．衡阳师范学院学报（社会科学版），2003（5）：23－28.

⑧ 梁琦．产业集聚的市场因素考察[J]．江苏行政学院学报，2005（5）：51－57.

⑨ 梁琦，丁树，王如玉．总部集聚与工厂选址[J]．经济学（季刊），2012（3）：1137－1166.

⑩ 安虎森．空间经济学原理[M]．北京：经济科学出版社，2005.

⑪ 魏后凯．我国产业集聚的特点、存在问题及对策[J]．经济学动态，2004（9）：58－61.

具体研究内容及主要观点如下：

（一）农产品加工产业空间集聚的测度及现状分析

现有研究对农产品加工产业空间集聚的测度主要采用单一指标法和多个指标相结合的方法。

在单一指标法上，学者们采用最多的是区位商法。比如，何秀丽、马延吉、刘文新（2010）基于产值区位商和就业人数区位商对吉林省农产品加工产业的空间集聚度进行了测算，研究表明农副食品加工、饮料制造等行业的区位商均大于1，存在明显的空间集聚趋势。[①] 周涛、刘继生（2013）采用区位商法对东北三省农产品加工产业空间集聚度进行了测算，研究表明，各行业的集聚发展极不平衡。[②] 冯伟等（2016）采用区位商法对农产品加工产业的空间集聚进行了分析，研究表明我国农产品加工产业整体集聚程度不高，只是某些产业在某些地区集聚度较高。[③] 此外，苏李、臧日宏、田国英（2011）采用 Ellison 和 Glaeser 提出的 EG 指数对我国农产品加工产业空间集聚度进行了测算，研究表明我国农产品加工产业整体上属于高集聚产业，但烟草制品业集聚度较低。[④]

大多数学者采用多个指标相结合的方法对农产品加工产业的空间集聚度进行测算，这些指标包括广泛使用的产业地区集中度、空间基

① 何秀丽，马延吉，刘文新．吉林省农产品加工产业集聚发展与空间格局研究[J]．农业系统科学与综合研究，2010(4)：420－424.

② 周涛，刘继生．基于区位商方法的加工产业集聚度分析——以东北三省为例[J]．工业技术经济，2013(5)：78－83.

③ 冯伟，蔡学斌，杨琴，等．中国农产品加工产业产业集聚的区位商分析[J]．中国食物与营养，2016，22(4)：24－27.

④ 苏李，臧日宏，田国英．中国农产品加工产业集聚与绩效评价[J]．软科学，2011(3)：84－87.

尼系数、赫芬达尔指数、EG 指数等。比如，徐志仓、钱美琴、余雷（2014）采用行业集中度和 EG 指数对农产品加工产业空间集聚度进行了测算，研究表明农产品加工产业中原料及劳动力密集型行业集聚水平较高。① 邓宗兵等（2014）采用产业集中度、EG 系数等方法对农产品加工产业地理集聚的时空特征和变化趋势进行了分析，结果表明农产品加工产业总体上具有显著的地理集聚特征，但呈现出逐年减弱和向中部地区集聚的趋势。② 李鹏、胡汉辉（2015）利用空间基尼系数、相对集中指数对农产品加工产业集聚情况进行了测度，研究表明我国农产品加工产业呈现明显集聚现象，主要集中在山东、江苏、广东、浙江等发达地区。③ 冯伟等（2016）采用地区集中度、空间基尼指数、赫芬达尔指数、EG 指数等方法，对农产品加工产业的区域分布与产业集聚进行了分析，研究表明农产品加工产业总体集聚程度较低，但糖料、茶叶、水产品、棉麻等产品加工集聚度较高，呈现出较为明显的区域集聚态势。④ 此外，张慧媛等（2016）从农产品加工园区集聚水平影响因素的角度，采用加权指数计算方法，对黑龙江、江苏、北京等 10 个地区的农产品加工园区集聚度进行了评价，研究表明资源优势、科技支撑和产业规模是导致农产品加工园区集聚度较高的重要原因。⑤

---

① 徐志仓，钱美琴，余雷．农产品加工产业集聚与经济增长研究[J]．经济问题探索，2014(8)：116－122.

② 邓宗兵，吴朝影，封永刚，等．中国农产品加工产业的地理集聚分析[J]．农业技术经济，2014(5)：89－98.

③ 李鹏，胡汉辉．产业集聚与企业空间结构的演化与变迁——基于农产品加工产业的实证分析[J]．产业经济评论，2015(2)：39－60.

④ 冯伟，蔡学斌，杨琴，等．中国农产品加工产业的区域布局与产业集聚[J]．中国农业资源与区划，2016，37(8)：97－102.

⑤ 张慧媛，郭雪霞，刘瑜，等．农产品加工产业园区聚集水平的发展评价[J]．农业工程学报，2016(S1)：320－324.

（二）农产品加工产业空间集聚的形成及影响因素分析

现有研究对农产品加工企业空间集聚形成及影响因素的分析比较分散，缺乏系统的总结归纳。比如，K. Burger、D. Kameo 和 H. Sandee（1999）以印尼为例对中小农产品加工企业的空间集聚进行了研究，研究表明目标市场需求是影响企业空间集聚的重要因素[①]；S. Chakravorty、J. Koo 和 S. V. Lall（2003）对印度的孟买、加尔各答和清奈三大地区农产品加工产业的集聚模式和集聚路径进行了研究，结果表明产业区的形成是多元化的而不是专业化的，而且劳动力市场和供应商网络对农产品加工产业集聚区的形成影响较小。[②] 苏李、臧日宏（2010）应用面板误差修正模型探讨了 FDI 与农产品加工产业的互动关系，研究表明 FDI 既是推动农产品加工产业集聚的短期因素，也是影响其发展的长期因素。[③] 李鹏、胡汉辉（2015）基于 Logit 模型进行实证研究后发现，产业集聚是农产品加工企业区位选择的重要因素，其中地方专业化和多样化对企业区位选择均有显著影响，由此说明企业空间集聚存在自我强化的累积循环因果效应。[④]

（三）农产品加工产业空间集聚的效应分析

现有文献对农产品加工产业空间集聚效应的分析主要体现在企业

① Burger K, Kameo D, Sandee H. Clustering of Small Agro - processing Firms in Indonesia[J]. The International Food and Agribusiness Management Review, 1999(2): 289 - 299.

② Chakravorty S, Koo J, Lall S V. Metropolitan Industrial Clusters: Patterns and Processes[J]. World Bank Policy Research Working Paper, 2003(3073).

③ 苏李，臧日宏. FDI 与产业集聚的互动—中国农产品加工产业视角[J]. 财经科学，2010(5): 85 - 91.

④ 李鹏，胡汉辉. 产业集聚与企业空间结构的演化与变迁——基于农产品加工产业的实证分析[J]. 产业经济评论，2015(2): 39 - 60.

国际竞争力、产业成长、产业生产率、小城镇发展等方面。比如，Emmanuelle、Galliano（2003）以法国食品制造业为例，探讨了由于空间集聚产生的空间外部性和溢出效应对企业出口行为的影响，研究表明空间集聚和专业化发展有利于提升企业国际竞争力。[①] 朱明 、王海（2006）研究发现，农产品加工产业集聚促进了小城镇建立，是推动小城镇发展的有效途径，是小城镇建设的重要支柱。[②] 秦建军、武拉平、闫逢柱（2010）研究了农产品加工产业地理集聚对产业成长的影响，结果表明产业地理集聚对农产品加工产业成长存在促进作用，但是其作用弱于资本要素，强于劳动力要素。[③] 战炤磊、王凯（2012）以江苏省为例分析了农产品加工产业空间集聚度对全要素生产率的影响，结果表明产业集聚度提高对全要素生产率增长存在显著的促进作用。[④] 曾亿武、郭红东、邱东茂（2015）以浙江省农产品加工产业为例，分析了产业集聚对产业增长及生产效率的影响，研究表明农产品加工产业集聚对产业增长存在明显的促进作用，但是产业集聚到一定程度后会由于拥挤效应对生产率增长造成不利影响。[⑤]

（四）农产品加工产业空间集聚发展的对策分析

农产品加工产业空间集聚发展的对策研究方面，并没有引起学者

---

① Emmanuelle C L, Galliano D. Local Spillovers, Firm Organization and Export Behavior: Evidence from the French Food Industry[J]. Regional Studies, 2003, 37 (2) : 147 - 158.

② 朱明,王海. 农产品加工产业聚集与小城镇建设[J]. 农业工程学报,2006(2):180 - 184.

③ 秦建军,武拉平,闫逢柱. 产业地理集聚对产业成长的影响——基于中国农产品加工产业的实证分析[J]. 农业技术经济,2010(1):104 - 111.

④ 战炤磊,王凯. 产业集聚、企业规模与农产品加工产业全要素生产率——来自江苏的证据[J]. 中南财经政法大学学报,2012(5):134 - 140.

⑤ 曾亿武,郭红东,邱东茂. 产业集聚效应、要素拥挤与效率改善——基于浙江省农产品加工产业集群的实证分析[J]. 农林经济管理学报,2015,14(3) : 218 - 225.

们足够的重视。更多的文献是在实证分析后，根据实证分析结论提出简要的政策启示，并没有深入探讨农产品加工产业空间集聚发展的问题及对策。对这一问题做比较全面研究的文献仅查找到2篇。比如，郑风田（2013）对怎样建设农产品加工集聚区提出了建议，他认为要从信息服务质量与效率，加强外部关联，提高产品与服务的多样化程度，培育区域平台等途径提升农产品加工集聚区发展水平。① 郭雪霞等（2015）研究指出，我国农产品加工产业产业集聚还存在研发创新能力有限、产业链条短、服务平台不完善、生产成本增长快等问题，因此，对于农产品加工产业集聚区要通过加强政策引导、打造科技支撑平台、做强龙头企业、创新管理机制等措施推进农产品加工产业发展。②

（五）文献述评

综上所述，现有文献对农产品加工产业空间集聚测算及现状分析方面的研究较多，而对农产品加工产业空间集聚的形成过程及影响因素、集聚效应以及对策分析方面的研究较少。现有研究的主要缺陷是：一是在对农产品加工产业空间集聚的测算上忽略了企业层面的集聚，更多的是基于整个产业的产值、就业数据对产业层面的集聚进行测度；二是在对农产品加工产业空间集聚形成过程及影响因素的研究上，缺乏比较系统的理论阐述，更多的是借鉴现有的制造业空间集聚形成及影响因素的相关理论进行实证分析；三是在对农产品加工产业

---

① 郑风田．农产品加工产业集聚区建设[J]．农产品加工，2013(5)：10－11.

② 郭雪霞，张慧媛，刘瑜，等．中国农产品加工产业聚集问题研究与对策[J]．世界农业，2015(7)：162－166.

空间集聚效应的分析上，缺乏对农民收入增长、农业发展、人口城镇化发展等方面的研究，且大多使用的是传统计量分析模型，较少使用门槛效应、空间计量等模型；四是在对农产品加工产业空间集聚发展对策建议的研究上，就怎样更好地发挥农产品加工产业空间集聚效应缺乏系统深入的分析。

三、研究思路及方法

（一）研究思路

本书主要以农产品加工企业层面的空间集聚问题为研究对象，按照以下逻辑思路展开：

首先，选用适当的方法对我国农产品加工企业空间集聚度进行测算，并根据测算结果，对我国农产品加工企业空间集聚的现状及特征进行分析。

其次，借鉴现有的产业集聚理论，对农产品加工企业空间集聚的形成机理进行探讨；并基于农产品加工企业空间集聚的形成机理，对农产品加工企业空间集聚的影响因素进行理论和实证分析。

再次，对农产品加工企业空间集聚的经济社会效应进行理论和实证分析。具体包括农产品加工产业的产业成长效应，以及农业发展、农民收入增长和人口城镇化的外溢效应。

最后，根据上述研究结论，提出进一步提升农产品加工企业空间集聚效应的对策建议。

（二）研究方法

在具体研究过程中采用的研究方法主要有：统计指数分析法、逻辑推演法、案例分析法以及动态面板模型、门槛面板模型、空间面板模型等计量分析方法。

四、研究内容及结构安排

（一）主要研究内容

除了绪论和研究结论外，本书的主要内容有以下四个部分：

第一部分，农产品加工企业空间集聚现状。具体而言，对农产品加工企业包含的统计口径进行界定，利用统计年鉴中的相关数据；采用合适的方法，对农产品加工企业空间集聚度进行测算。通过测算结果揭示我国农产品加工企业空间集聚的行业特征和区域特征。

第二部分，农产品加工企业空间集聚机理及影响因素。具体而言，借鉴现有的产业区理论、工业区理论、分工集聚理论以及新经济地理学理论，结合农产品加工企业的产业特性，对农产品加工企业空间集聚的形成起点、集聚过程、集聚结果及边界等进行探讨，以揭示农产品加工企业空间集聚的形成机理。然后，根据农产品加工企业空间集聚的形成机理，选择可以进行量化分析的多个因素，采用动态面板数据分析法，对农产品加工企业空间集聚的影响因素进行理论和实证分析。同时以四川省为例，对全省不同行业、不同地区农产品加工企业空间集聚的影响因素进行案例分析。

第三部分，农产品加工企业空间集聚的外部经济效应。具体而言，把农产品加工企业空间集聚的经济社会效应划分为对农产品加工产业自身的成长效应和对农产品加工产业以外的农业发展、农民收入增长、人口城镇化的外部经济效应。在对农产品加工企业空间集聚的产业成长效应研究上，主要采用门槛面板数据模型，分析农产品加工企业空间集聚对产业规模扩大、产业效率提升及产业竞争力提升的影响。在对农产品加工企业空间集聚的外部效应研究上，主要采用空间面板数据模型，分析农产品加工企业空间集聚对农业发展、农民收入增长、人口城镇化的影响，并揭示其存在的空间外溢效应。

第四部分，提升农产品加工企业空间集聚效应的对策。本部分主要是基于第三部分的研究结果，并结合当前我国农产品加工企业空间集聚发展中存在的问题，进一步探讨提升农产品加工企业空间集聚的产业成长效应、农业发展效应、农民增收效应、人口城镇化效应的对策建议。通过对这些对策建议的研究，意在促进农产品加工企业空间集聚的发展，同时更好地发挥其对经济社会发展的积极促进作用。

（二）研究内容结构安排

在上述研究内容中，农产品加工企业空间集聚现状是本书的逻辑起点，农产品加工企业空间集聚的形成机理及影响因素是对这种空间集聚现象的经济学解释，而农产品加工企业空间集聚的经济社会效应是对该现象产生的影响分析，提升农产品加工企业空间集聚效应的对策建议则是本书的最终目的。其中第二部分和第三部分是本书的重点，具体结构安排见图 1－1：

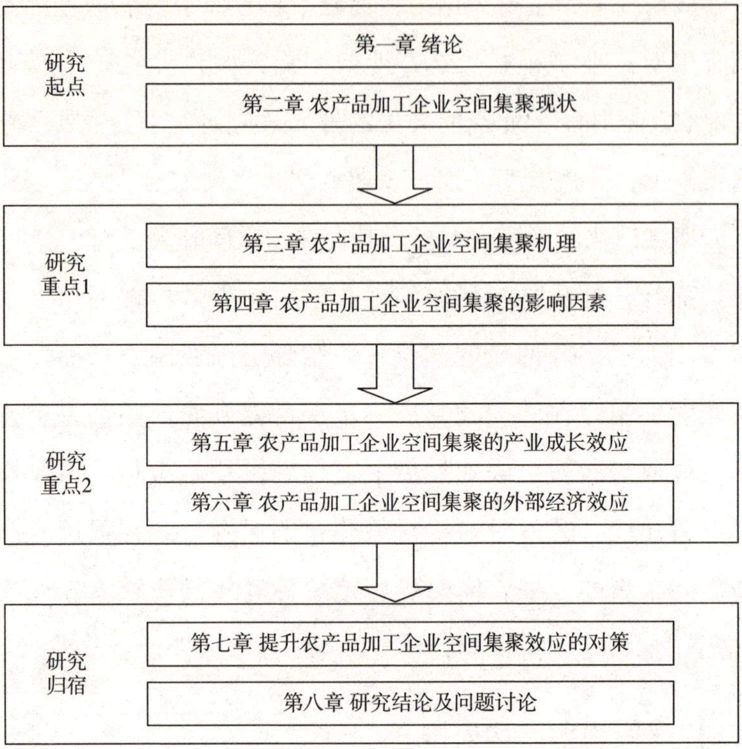

图1－1　研究内容结构安排

五、研究创新与不足

（一）研究创新

本书可能存在的创新及特色包括以下几个方面：

一是基于农产品加工企业数量的统计数据，采用农产品加工企业空间密度指数对农产品加工企业空间集聚度进行测算。该方法弥补了现有研究采用行业产值或行业就业人员数据，测度农产品加工企业空间集聚度的不足。该方法也充分体现了本书所探讨的是农产品加工企业空间集聚问题，而不是一般意义上的农产品加工产业空间集聚问题，尽管二者存在密切关系。

二是对农产品加工企业空间集聚的形成机理进行系统深入的分析。具体体现在，从空间集聚的形成起点、空间集聚的过程、空间集聚的结果及边界等方面，对农产品加工企业空间集聚的形成进行全面深入的阐述，弥补了现有研究的不足。

三是采用动态面板、门槛面板、空间面板等计量模型对农产品加工企业空间集聚的影响因素及经济社会效应进行全面系统的分析。在研究方法上，采用动态面板模型，揭示了农产品加工企业空间集聚的累积循环因果效应；采用门槛面板模型，揭示了农产品加工企业空间集聚对产业成长的门槛效应；采用空间面板模型，揭示了农产品加工企业空间集聚的空间外部效应。这些计量分析方法的采用，在一定程度上弥补了现有研究采用普通面板数据模型进行计量分析的不足。

（二）存在的不足

本书存在的不足主要表现在以下两个方面：

一是在空间尺度上，限于数据可得性的原因，本书主要采用省域空间尺度进行分析。而事实上，农产品加工企业空间集聚更多的是体现在县域空间尺度上。尽管本书对相关数据进行了县域平均化处理，但真正意义上县域尺度的数据仍然欠缺。

二是在对农产品加工企业空间集聚的影响因素研究上，本书主要侧重于从宏观层面对农产品加工企业空间密度的变化及其影响因素进行分析；而具体到农产品加工企业的微观层面，还缺乏相应的调查数据来支持对这些企业区位选择和空间集聚行为进行的分析。

第二章　农产品加工企业空间集聚现状

一、农产品加工企业发展现状

反映我国农产品加工企业发展现状的相关数据可以从两个部门获得：一是农业农村部乡村产业发展司农产品加工处（原农产品加工局）的《中国农产品加工产业年鉴》中相关数据；二是国家和地方统计局的统计年鉴中规模以上工业企业数据。二者的数据在统计口径上基本一致。农产品加工处的数据更加详细，而统计年鉴的数据更加准确完整。本书在对农产品加工企业发展现状的分析中主要采用农产品加工处的数据，而在农产品加工企业空间集聚度测算及后续的计量分析中主要采用统计年鉴的数据。

（一）农产品加工企业的产业范围

从统计口径看，按照国家统计局的国民经济行业分类（GB/T 4754—94、GB/T 4754—2002、GB/T 4754—2011）代码标准，农产品加工产业划分为从农副食品加工业（代码为 13）到印刷和记录媒介复制业（代码为 23）共 11 个行业。需要说明的是，由于 2012 年后，原行业分类中的橡胶制品业与塑料制品业进行了合并，为了保持前后统计口径的一致，本书中所涉及的农产品加工产业数据，没有包含橡胶制品业。

对农产品加工产业可以进一步细分为：一是与人们食物相关的食品饮料业；二是与穿着相关的纺织服装业；三是与各种家居用品相关的林木制品业。[①] 具体分类标准如下：

表 2-1　农产品加工产业进一步分类

类别	行业统计代码 GB/T 4754—2011	行业名称	备注
食品饮料业	13	农副食品加工业	
	14	食品制造业	
	15	饮料制造业	
纺织服装业	17	纺织业	
	18	纺织服装、鞋、帽制造业	
	19	皮革、毛皮、羽毛（绒）及其制品业	
林木制品业	20	木材加工及木、竹、藤、棕、草制品业	
	21	家具制造业	
	22	造纸及纸制品业	

（二）农产品加工企业数量及构成

2015 年，全国拥有农产品加工企业大约 45.5 万家，其中规模以上农产品加工企业（年销售收入 2000 万元以上）共 7.8 万家，比 2014 年增长了 3.6%。大中型企业比例达到 15.5%，超过 100 亿元的龙头企业达 70 家（其中超 500 亿元的有 5 家）；小型企业有 6.6 万家，占 84.5%，较 2014 年同期上升了 0.6 个百分比。在食用类农产品加工企业中，规模以上粮食加工与制造企业有 17459 家，植物油加工企业

① 由于烟草不属于食用类农产品加工产业，而印刷和记录媒介复制业不是对农产品原料的直接加工，故此处的分类没有包含这两个行业

有2184家，果蔬茶加工企业有7240家，食用畜产品加工企业有4864家。

（三）农产品加工企业经营情况

农产品加工企业资产总计由2000年的2.26万亿元增加到2015年的14.80万亿元，年均增长12%；主营业务收入由2000年的1.91万亿元增加到2015年的23.41万亿元，年均增长17%。从经营情况看，2015年大、中、小型企业实现主营业务收入占比分别为27.3%、25.9%、46.8%，其中，大型企业占比较2014年下降了0.5个百分点，中、小型企业占比分别上升了0.3和0.1个百分点。

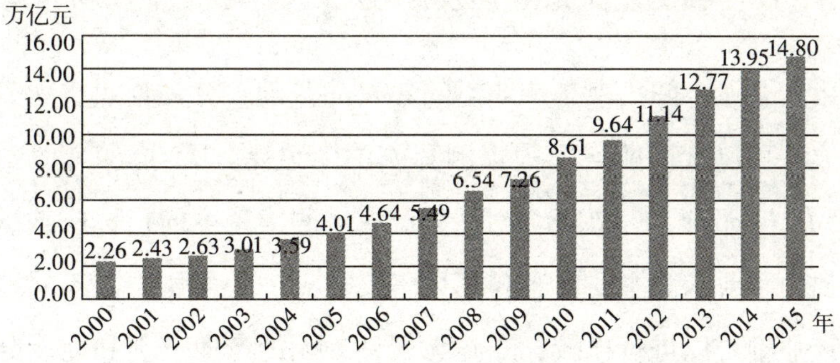

图2－1 2000—2015年农产品加工企业总资产

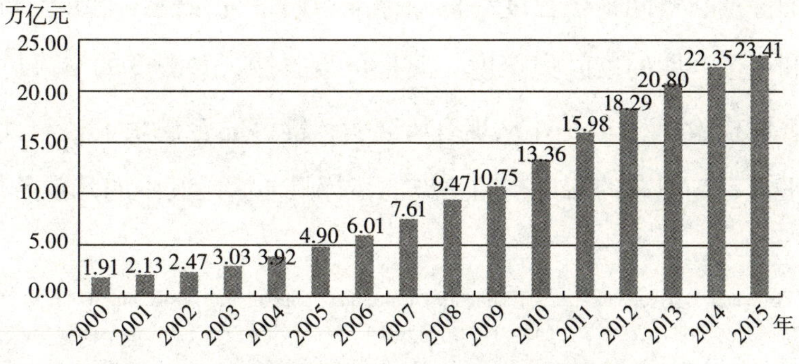

图2－2 2000—2015年农产品加工企业主营业务收入

2015年，规模以上农产品加工企业实现利润总额12908.0亿元，增长了5.3%，较2014年上升了3.1个百分点，高于工业利润增速7.5个百分点。主营业务收入利润率为6.7%，高于工业企业平均主营业务收入利润率0.9个百分点。上缴税金总额为12269.6亿元，增长了5.0%，较2014年下降了2.0个百分点。从企业平均成本看，规模以上农产品加工企业每百元主营业务收入的成本为83.2元，基本与2014年持平，低于全国工业成本2.9元。

二、农产品加工企业空间集聚测度指标及方法选择

（一）各种测度方法综述及比较

由于企业空间集聚是产业空间集聚的基础，有关企业空间集聚的测算方法可以从产业空间集聚测算方法中选择。Duranton 和 Overman（2005），Combes 等（2008）对衡量产业空间集聚度的指标应该满足的性质提出了要求。主要内容包括以下几点：一是可比性，不同地区和不同产业都可以进行比较；二是无偏性，无论产业分类和地区分类怎么变化，最终测度出来的结果都是无偏的；三是标准性，有判断产业集聚的标准、空间集聚程度高低的标准；四是可控性，能够控制整个经济和各个产业的空间集聚度；五是可检验性，对测度的结果可以进行显著性检验。[①②] 但是，从现有研究看，能够完全满足上述条件的指标几乎没有，现有的衡量空间集聚的指标只能满足其中的几项条件。

---

① Duranton G, Overman H G. Testing for Localization Using Micro - geographic Data[J]. The Review of Economic Studies, 2005, 72(4): 1077 - 1106.

② Combes P, Mayer T, Thisse J F. Economic Geography: The Integration of Regions and Nations [M]. Princeton: Princeton University Press, 2008.

Zheng Tian（2013）认为，衡量产业空间集聚度的指标主要包括两大类：离散型和连续型。[①] 其中，离散型指标主要是用于衡量不同空间尺度下的区域的产业集聚程度，而这些区域是相互分离的。现有的衡量指标绝大多数属于离散型指标，主要包括区位商（Location Quotient，LQ）、基尼系数（Gini Index）、泰尔指数（Theil Index）、艾萨德指数（Isard Index）、赫芬达尔指数（Herfindahl – Hirschman（HH）Index）、EG 指数（Ellison – Glaeser（EG）Index）（Ellison，Glaeser，1997）[②]、MS 指数（Maurel – Sedillot（MS）Index）（Maurel，Sedillot，1999）[③] 等。

连续型指标假设空间是连续的，其主要用于衡量以某个地理坐标为参照物的产业空间集聚度。典型的连续型指标主要测量两个地理坐标间的经济密度。连续型指标目前还比较少，主要包括 Duranton 和 Overman（2005）[④] 提出的 K 密度，Marcon 和 Puech（2003，2009）[⑤]，Arbia 等（2010）[⑥] 基于 Ripley（1997）[⑦] 计算任意坐标在确定半径内的邻居个数。由于连续型指标在计算过程中需要具体企业位置和空间距

---

① Zheng Tian. Measuring Agglomeration Using the Standardized Location Quotient with a Bootstrap Method[J]. Journal of Regional Analysis & Policy,2013,43(2):186 – 197.

② Ellison G，Glaeser E L. Geographic Concentration in U. S. Manufacturing Industries：A Dartboard Approach［J］. Journal of Political Economy，1997，105（5）：889.

③ Maurel F，Sedillot B. A Measure of the Geographic Concentration in French Manufacturing Industries［J］. Regional Science and Urban Economics，1999，29（5）：575 – 604.

④ Duranton G，Overman H G. Testing for Localization Using Micro – geographic Data［J］. The Review of Economic Studies，2005，72（4）：1077 – 1106.

⑤ Marcon E，Puech F. Measures of the Geographic Concentration of Industries：Improving Distance – based Methods［J］. Journal of Economic Geography，2009，10（5）：745 – 762.

⑥ Arbia G，Espa G，Giuliani D，et al. Detecting the Existence of Space – time Clustering of Firms［J］. Regional Science and Urban Economics，2010，40（5）：311 – 323.

⑦ Brian D Ripley. Modelling Spatial Patterns［J］. Journal of the Royal Statistical Society，1997，39（2）：172 – 212.

离的数据，这些数据往往难以获得或者获取的成本较高，导致连续型指标只能在小范围内被采用。另一方面，连续型指标忽略了各个行政区域内的空间集聚度，因而对各个行政区域制定产业政策没有指导意义。这也导致采用连续型指标的研究较少。

（二）本书衡量方法选择

鉴于连续型指标难以搜集相关数据进行计算，本书主要选择离散型指标。而在离散型指标中，Gini、Theil、Isard、HH、EG、MS 等系数和指数只能反映整个产业的空间集聚度，而不能反映某个产业在某个特定区域的空间集聚度，也就不能对比分析某个产业不同区域间空间集聚度的大小。因此，本书主要选择区位商作为衡量农产品加工企业空间集聚度的指标。

区位商是由 Peter Haggett（1965）在“Locational Analysis In Human Geography”一书中提出的，并最早应用于区位分析。此后，越来越多的经济学家和地理学家用区位商衡量产业的空间集聚度。区位商的一般计算公式是

$$LQ_{ij} = \frac{x_{ij}/x_{*j}}{x_{i*}/x_{**}} \tag{2-1}$$

在式（2-1）中，LQ_{ij} 表示 j 地区 i 产业的区位商，x_{ij} 表示 j 地区 i 产业的就业人数或产值，x_{*j} 表示 j 地区所有产业的就业人数或产值，x_{i*} 表示所有地区 i 产业的就业人数或产值，x_{**} 表示所有地区所有产业的就业人数或产值。由此可见，LQ_{ij} 实际上表示的是 j 地区 i 产业的相对空间集聚度。如果 $LQ_{ij}>1$，则说明 j 地区 i 产业的就业人数或产值占 j 地区总就业人数或产值的比重大于所有地区 i 产业的就业人数或

产值占所有地区总就业人数或产值的比重。即是说，相对于其他地区而言，j 地区 i 产业的就业人数或产值所占比重更大，因此 i 产业在 j 地区的空间集聚度较高。显然，LQ_{ij} 的值越大，说明 i 产业在 j 地区的空间集聚度越高。

使用区位商来衡量产业空间集聚度面临的问题是，LQ 的值要多大才能界定为产业集聚。一些研究认为，大于 1.25 就可以界定为产业空间集聚（Martin，Sunley，2001）；另一些研究则认为，需要大于 3。显然，任意主观赋值都面临是否具备显著性问题。为此，D. O' Donoghue 和 B. Gleave（2004）提出要通过标准化的 LQ 的值来检验其显著性。[①] 其具体检验方法是：首先，检验式（2-1）计算出来的 LQ 值是否服从正态分布；然后，对区位商进行标准化处理。如果处理后的值大于 1.96，则说明在 5% 的显著性水平上是显著的。由于标准化处理时会出现正负相反的值，实际上这属于双尾检验。即是说，只要标准化 LQ 值大于 1.65，则说明存在产业的空间集聚。但是，该方法的缺陷是，如果 LQ 值不服从正态分布，则无法通过标准化的方法来判断是否显著存在空间集聚。

使用区位商来衡量产业空间集聚面临的另一个问题是，不能区分产业集聚是由众多中小企业空间集聚所形成的还是由几个大企业空间集聚所形成的。这是因为，在式（2-1）中，j 地区 i 产业的就业人数或产值的比重大，既可能是因为 j 地区 i 产业由许多中小企业组成，其总的就业人数或产值大，也可能是因为 j 地区 i 产业是由一两家大型企业组成，其总的就业人数和产值也很大。为此，McCann Philip（2001）

---

① O' Donoghue D, Gleave B. A Note on Methods for Measuring Industrial Agglomeration[J]. Regional Studies, 2004, 38(4): 419-427.

提出用调整后的中小企业区位商来辅助判断。[①] 但是在现实研究中，i 产业的就业人数和产值中哪些属于中小企业哪些属于大型企业则很难区分。

本书所关注的是农产品加工企业空间集聚的现象，因此第一个问题到底多大程度才算空间集聚不需要考虑。这是因为，LQ 值既然可以表示空间集聚度，所以无论 LQ 值有多大或有多小，只要可以反映其空间集聚程度就可以了，不外乎 LQ 值越大空间集聚程度越大，而 LQ 值越小则空间集聚程度越小。因此，本书不考虑一个具体的界定数值。

对于第二个问题，本书关注的是农产品加工企业的空间集聚，这与产业的空间集聚还存在区别。这是因为，产业空间集聚并不一定是企业空间集聚，产业空间集聚很可能只是由一两个大型企业构成，而企业空间集聚主要是要关注特定区域企业的具体数量。因此，在计算区位商的过程中，本书采用的是农产品加工企业的数量，而不是产值。当然，产业的集聚与企业的集聚存在一定联系，即众多的企业集聚在一起仍然会形成产业集聚。为了弄清楚产业集聚与企业集聚之间的关系，本书借鉴 R. Nakamura 和 C. J. M. Paul（2009）的做法计算两个区位商，并比较这两个区位商的值。[②] 其中，一个区位商反映的是产值的区位商，计算公式就是式（2－1）；而另一个区位商是反映企业数量的区位商，计算公式如下：

$$LQ2_{ij} = \frac{y_{ij}/y_{*j}}{y_{i*}/y_{**}} \tag{2-2}$$

在式（2－2）中，$LQ2_{ij}$ 表示 j 地区 i 产业企业数量的区位商，y_{ij} 表示

① McCann Philip. Urban and Regional Economics[M]. Oxford: Oxford University Press, 2001.

② Nakamura R, Paul C J M. Measuring Agglomeration[M]// Capello R, Nijkamp P. Handbook of Regional Growth and Development Theories. Northampton, MA: Edward Elgar Publishing, 2009: 305－328.

j 地区 i 产业的企业数量，y_{*j} 表示 j 地区所有产业的企业数量，y_{i*} 表示所有地区 i 产业的企业数量，y_{**} 表示所有地区所有产业的企业数量。$LQ1_{ij}$ 的计算与式（2-1）相同。根据 Nakamura R. 和 C. J. M. Paul（2009）的研究，如果 j 地区 i 产业 $LQ2_{ij} > LQ1_{ij} > 1$，则说明：j 地区 i 产业的空间集聚是由众多企业集聚形成的，而不是由几个大企业集聚形成的；反之，则说明是由几个大型企业集聚而成的。即是说，通过比较这两个区位商值，可以判断出某个地区某个产业的空间集聚是由于企业数量众多形成的还是由于企业数量较少但企业规模较大形成的。

无论是式（2-2）还是式（2-1）计算出来的区位商较大，其最终反映的是 i 产业相对于其他产业的企业数量或企业规模较大。这就有可能导致，在农产品加工企业空间集聚度较高的区域，由于其他产业的企业数量或规模更大，最终区位商的值较低，反映出来的空间集聚度不高，从而出现计算结果与现实的不符合。为了弥补这种缺陷，本书借鉴区位商的思想，计算出另一个反映农产品加工企业空间集聚度的指标——空间密度指数，具体计算公式如下：

$$SD_{ij} = \frac{y_{ij}/z_{*j}}{y_{i*}/z_{**}} \qquad (2-3)$$

在式（2-3）中，SD_{ij} 表示 j 地区 i 产业的企业空间集聚度，而 y_{ij} 表示 j 地区 i 产业的企业数量，y_{i*} 表示所有地区 i 产业的企业数量，z_{*j} 表示 j 地区县级行政区域的数量，z_{**} 表示全国所有省份县级行政区域的数量。因此，在式（2-3）中，分子表示 j 地区平均每个县级行政区域的农产品加工企业数量，而分母则表示全国每个县级行政区域的农产品加工企业数量。如果 $SD_{ij} > 1$，则说明在 j 地区 i 产业的企业形成了空间集聚。显然，式（2-3）排除了其他产业的企业数量或规模

对 i 产业的影响。而本书之所以选取县级行政区域的数量，主要是因为县域是我国经济的基本行政区域，农产品加工企业空间集聚的形成大多以县级行政区域为基准。

三、农产品加工企业空间集聚测度结果及分析

（一）农产品加工企业数量的空间集聚特征

本书首先基于式（2－2），选取我国31个省份2000—2014年的农产品加工企业数量的数据，计算出各省份农产品加工企业数量的空间集聚度。其中，各个数据来源于历年的各省级行政区域的统计年鉴，统计口径在前文中已做阐述。由于篇幅的限制，本章主要展示代表性年份的计算结果，详细的计算结果可以参见附录。

表2－2　2000—2014年各省份农产品加工企业数量的空间集聚度

地区	2000年	2005年	2010年	2011年	2012年	2013年	2014年	平均
北京	0.95	0.81	0.80	0.71	0.72	0.71	0.68	0.80
天津	0.88	0.78	0.56	0.54	0.55	0.55	0.53	0.69
河北	1.00	0.89	0.86	0.85	0.85	0.85	0.84	0.89
山西	0.54	0.32	0.37	0.33	0.32	0.33	0.37	0.37
内蒙古	0.99	0.94	1.00	0.95	0.95	0.90	0.89	0.98
辽宁	0.82	0.79	0.78	0.78	0.78	0.78	0.78	0.80
吉林	1.00	0.97	1.17	1.20	1.20	1.21	1.28	1.06
黑龙江	1.14	1.21	1.24	1.35	1.40	1.46	1.55	1.25
上海	0.90	0.86	0.77	0.68	0.68	0.69	0.65	0.80
江苏	0.97	1.01	1.00	0.94	0.94	0.90	0.92	0.96
浙江	1.10	1.15	1.12	1.12	1.15	1.15	1.13	1.15
安徽	1.18	1.08	1.08	1.13	1.13	1.13	1.11	1.13
福建	1.17	1.35	1.24	1.32	1.35	1.37	1.37	1.31

续表

地区	2000 年	2005 年	2010 年	2011 年	2012 年	2013 年	2014 年	平均
江西	1.12	1.04	0.99	0.91	0.92	0.96	0.95	1.00
山东	1.12	1.20	1.18	1.18	1.13	1.15	1.12	1.18
河南	1.11	1.06	1.09	1.12	1.12	1.10	1.08	1.09
湖北	1.08	1.10	1.09	1.15	1.13	1.12	1.12	1.08
湖南	0.86	0.83	0.85	0.87	0.87	0.88	0.89	0.84
广东	1.06	0.99	1.00	1.00	1.01	1.00	0.98	1.00
广西	0.92	0.94	1.13	1.14	1.16	1.19	1.20	1.03
海南	0.92	1.20	1.26	1.10	1.16	1.14	1.21	1.17
重庆	0.69	0.61	0.72	0.68	0.69	0.65	0.68	0.65
四川	0.89	0.89	0.92	0.94	0.97	0.97	0.98	0.92
贵州	0.82	0.57	0.57	0.98	0.58	0.71	0.77	0.67
云南	0.91	0.69	0.77	0.76	0.79	0.85	0.92	0.79
西藏	0.92	0.79	1.07	1.14	1.11	1.08	1.09	0.97
陕西	0.93	0.69	0.76	0.76	0.76	0.73	0.84	0.76
甘肃	0.86	0.79	0.86	0.88	0.90	0.91	0.92	0.91
青海	0.73	0.61	0.63	0.59	0.62	0.58	0.62	0.62
宁夏	0.82	0.82	0.85	0.88	0.88	0.95	1.06	0.86
新疆	1.17	1.05	1.11	1.11	1.05	0.99	0.96	1.09

从农产品加工企业空间集聚度较高的区域分布看，近 5 年来（2000—2014 年）区位商值大于 1 的省份主要集中在东北地区的吉林、黑龙江；中部地区的安徽、河南、湖北、江西；东部地区的浙江、福建、山东、广东、海南；西部地区的广西、新疆。由此可见，从农产品加工企业数量占比看，中东部地区的企业集聚度是最高的，而东北和西部地区均较低。

从农产品加工企业空间集聚度的变化趋势看，天津的下降趋势非常明显，从 2000 年的 0.88 下降到 2014 年的 0.53；而黑龙江的上升趋势非常明显，从 2000 年的 1.14 上升到 2014 年的 1.55；其他各省份农产品加工企业的空间集聚度呈现出波动趋势，但波动的幅度均较小。

（二）农产品加工产业企业产值的空间集聚特征

其次，本书基于式（2－1），选取我国31个省份2000—2014年的农产品加工企业产值数据，计算出各省份农产品加工企业产值的空间集聚度，见表2－3。

表2－3 2000—2014年各省份农产品加工企业产值的空间集聚度

地区	2000年	2005年	2010年	2011年	2012年	2013年	2014年	平均
北京	0.61	0.52	0.43	0.45	0.42	0.39	0.36	0.49
天津	0.66	0.46	0.42	0.49	0.57	0.57	0.58	0.51
河北	1.03	0.88	0.79	0.81	0.82	0.86	0.89	0.89
山西	0.33	0.19	0.19	0.21	0.20	0.23	0.24	0.22
内蒙古	1.06	1.21	1.00	0.88	0.85	0.86	0.88	1.06
辽宁	0.51	0.57	0.81	0.84	0.91	0.90	0.86	0.68
吉林	0.58	0.78	1.16	1.22	1.24	1.23	1.24	0.93
黑龙江	0.54	0.76	1.22	1.32	1.46	1.65	1.69	1.00
上海	0.71	0.63	0.55	0.55	0.56	0.56	0.55	0.61
江苏	1.12	1.01	0.86	0.80	0.79	0.77	0.71	0.94
浙江	1.44	1.46	1.28	1.20	1.19	1.18	1.16	1.36
安徽	1.13	0.95	1.00	1.05	1.07	1.06	1.10	1.02
福建	1.30	1.58	1.76	1.79	1.80	1.79	1.78	1.63
江西	0.98	0.98	1.00	0.96	1.02	1.04	1.11	0.97
山东	1.26	1.44	1.35	1.31	1.27	1.23	1.20	1.34
河南	1.18	1.16	1.32	1.32	1.25	1.25	1.24	1.21
湖北	1.19	0.95	1.13	1.26	1.36	1.38	1.43	1.14
湖南	1.07	1.23	1.23	1.20	1.15	1.12	1.15	1.18
广东	0.97	0.84	0.87	0.88	0.85	0.85	0.85	0.87
广西	1.24	1.28	1.27	1.31	1.33	1.30	1.27	1.29
海南	1.50	1.52	1.01	0.84	0.82	0.83	0.89	1.16
重庆	0.53	0.58	0.66	0.64	0.64	0.60	0.61	0.59

续表

地区	2000年	2005年	2010年	2011年	2012年	2013年	2014年	平均
四川	1.10	1.21	1.29	1.31	1.25	1.23	1.22	1.21
贵州	1.01	0.74	0.80	0.89	0.90	0.95	0.97	0.87
云南	2.01	1.57	1.27	1.24	1.31	1.28	1.37	1.54
西藏	0.80	0.96	1.37	1.41	1.09	1.10	1.40	1.09
陕西	0.76	0.58	0.56	0.57	0.59	0.63	0.67	0.61
甘肃	0.43	0.43	0.47	0.44	0.54	0.55	0.58	0.48
青海	0.22	0.30	0.38	0.25	0.31	0.36	0.45	0.27
宁夏	0.55	0.79	0.72	0.65	0.63	0.65	0.78	0.71
新疆	0.72	0.55	0.58	0.51	0.51	0.52	0.56	0.60

从表2－3中的数据可以发现，2010—2014年区位商值大于1空间集聚度较高的省份主要集中在东北地区的黑龙江、吉林；中部地区的安徽、江西、河南、湖南、湖北；东部地区的浙江、福建、山东；西部地区的广西、四川、云南、西藏。而对比表2－2的数据可以发现，东北地区的黑龙江、吉林，无论是从农产品加工企业数量角度看还是从企业规模角度看，农产品加工企业空间集聚度均较高。中部地区的安徽、河南，从两个角度看，农产品加工企业的空间集聚度也较高；而湖南、湖北两地，农产品加工企业的规模相对于企业数量更加呈现出集聚趋势，湖南虽然企业数量不占优势，但企业规模较大。东部地区的浙江、山东、福建，空间集聚度均较高，且福建的企业规模相对于企业数量更加具备优势；广东、海南的企业数量空间集聚度较高，但企业规模空间集聚度低。西部地区的情况则是，新疆的企业数量空间集聚度高，但企业规模空间集聚度低；而四川、云南、西藏在企业规模上呈现出较高的空间集聚度，虽然企业数量空间集聚度低；广西则在企业数量和企业规模上均呈现出较高的空间集聚度。

从空间集聚度的时间变化趋势看，黑龙江、吉林、福建、西藏均呈现出明显的上升趋势；新疆则呈现出较明显的下降趋势；其他省份的变化基本趋于稳定。

（三）县级行政区域农产品加工企业空间密度指数

（1）县级行政区域农产品加工企业空间密度指数总体特征

基于式（2－3），选取我国31个省份2000—2014年的农产品加工企业数量和县级行政区域数量的数据，计算出各省份县级行政区域农产品加工企业空间密度指数，见表2－4。

表2－4　2000—2014年各省份农产品加工企业空间密度指数

地区	2000年	2005年	2010年	2011年	2012年	2013年	2014年	平均
北京	4.26	2.97	2.16	1.46	1.38	1.25	1.19	2.47
天津	4.64	2.82	1.74	1.49	1.51	1.45	1.38	2.56
河北	0.74	0.54	0.44	0.50	0.50	0.53	0.55	0.55
山西	0.26	0.13	0.08	0.09	0.09	0.09	0.09	0.13
内蒙古	0.24	0.24	0.29	0.35	0.33	0.30	0.29	0.27
辽宁	0.87	0.96	1.17	1.16	1.13	1.04	0.92	1.01
吉林	0.80	0.47	0.76	0.90	0.88	0.84	0.85	0.68
黑龙江	0.41	0.28	0.28	0.31	0.35	0.39	0.39	0.32
上海	7.15	7.02	4.50	3.48	3.25	3.05	2.73	5.54
江苏	2.93	3.25	3.84	3.44	3.50	3.39	3.43	3.36
浙江	3.20	5.43	5.03	3.79	3.86	3.88	3.87	4.67
安徽	0.72	0.57	1.06	1.17	1.29	1.34	1.42	0.89
福建	1.44	2.08	1.77	1.91	2.02	2.00	2.03	1.89
江西	0.71	0.49	0.49	0.51	0.55	0.60	0.65	0.53
山东	1.65	2.49	2.33	2.66	2.56	2.62	2.52	2.32
河南	1.23	0.76	0.85	1.13	1.12	1.10	1.12	0.96
湖北	1.17	0.77	1.08	1.04	1.14	1.23	1.31	0.98
湖南	0.60	0.57	0.61	0.78	0.76	0.75	0.76	0.63
广东	2.98	3.01	2.79	2.77	2.61	2.64	2.55	2.84

续表

地区	2000 年	2005 年	2010 年	2011 年	2012 年	2013 年	2014 年	平均
广西	0.47	0.33	0.43	0.46	0.46	0.46	0.45	0.40
海南	0.48	0.39	0.20	0.17	0.18	0.17	0.14	0.31
重庆	0.61	0.47	0.81	0.75	0.75	0.73	0.83	0.62
四川	0.38	0.41	0.44	0.55	0.57	0.53	0.54	0.45
贵州	0.35	0.18	0.12	0.23	0.15	0.22	0.26	0.20
云南	0.26	0.13	0.13	0.14	0.16	0.18	0.20	0.17
西藏	0.08	0.02	0.01	0.01	0.01	0.01	0.01	0.03
陕西	0.39	0.20	0.20	0.23	0.25	0.25	0.30	0.25
甘肃	0.50	0.17	0.13	0.12	0.15	0.16	0.17	0.25
青海	0.13	0.06	0.05	0.05	0.05	0.05	0.06	0.07
宁夏	0.25	0.28	0.24	0.27	0.29	0.35	0.43	0.27
新疆	0.30	0.16	0.18	0.17	0.17	0.17	0.18	0.18

表2－4排除了其他产业企业数量对农产品加工企业空间集聚度的影响，从单个县级行政区域拥有的农产品加工企业数量的角度来衡量农产品加工企业的空间集聚度。从中可以发现，近5年来（2000—2014年）*SD*值大于1，即空间集聚度较高的地区主要包括：东部地区的北京、天津、上海、江苏、浙江、福建、山东、广东等省份；中部地区的安徽、河南、湖北；而东北地区和西部地区几乎没有省份其*SD*值近5年来都大于1。从变化趋势看，2000—2014年间，北京、天津、上海、广东等省份空间集聚度不断下降，江苏、山东等省份空间集聚度不断上升，其他省份变化趋势不明显。

对比表2－2、表2－3、表2－4可以发现，东北地区的吉林、黑龙江两省在企业数量和企业规模上的空间集聚度较高，主要是国土面积较大导致；而东部地区的浙江、山东、福建从三种视角看，空间集聚度均较高，天津、北京、上海等省份由于国土面积较小，虽然农产品加工企业数量和规模上的空间集聚度不高，但单位县级行政区域的农产品加工企业数量较多，从而也形成了空间集聚；中部地区的河南、湖北从三种方法测度的结果看，空间集聚度均较大；西部地区的省份单个县级行政区域拥有的农产品企业数量并不多，从表2－3可看出云南、四川等省份的企业规模空间集聚度较高，这可能是因为西部地区除农产品加工产业外其他产业的发展规模不大，才导致这种结果。

最后需要说明的是，在以后章节的实证分析中，由于表2－2、表2－3的计算结果受到了其他产业的企业数量或企业规模的影响，并不能单纯反映农产品加工企业的空间集聚度，因此在以后章节的实证分析部分，本书主要采用表2－4的结果。虽然表2－4的计算结果受到县级行政区域数量和国土面积的影响，但这本身就反映了空间集聚度。也就是说，空间集聚度越高，则越小的区域聚集的企业数量越多。

（2）县级行政区域分行业农产品加工企业空间密度指数特征

在此，笔者把农产品加工产业进一步划分为食品饮料业、纺织服装业、林木制品业，具体划分标准如前所述。根据式（2－3），可以计算出各个行业单个县级行政区域农产品加工企业空间密度指数。具体计算结果如下：

①食品饮料业。从表2－5可以发现，绝大多数省份食品饮料业的空间集聚度较高，而上海、江苏、浙江、福建、广东等东部省份食品饮料业的空间集聚度特别低。这可能是因为，单从企业数量看这些地区不具备优势，但企业的规模或产值具备优势。因此，这些地区的农产品加工企业集聚主要是基于规模经济而不是基于企业内部联系的外部效应。

表 2-5 2000—2014 年食品饮料业空间密度指数

地区	2000 年	2005 年	2010 年	2011 年	2012 年	2013 年	2014 年	平均
北京	0.94	1.12	1.01	1.10	1.11	1.15	1.18	1.05
天津	0.79	0.88	0.93	0.98	1.01	1.03	1.04	0.92
河北	1.16	1.25	1.13	0.99	0.98	1.00	1.01	1.17
山西	1.72	2.31	2.29	2.13	2.03	2.03	2.03	2.16
内蒙古	1.57	2.29	2.10	1.97	1.96	1.98	1.98	2.03
辽宁	1.20	1.54	1.57	1.51	1.51	1.52	1.50	1.45
吉林	1.38	1.98	2.09	1.89	1.89	1.91	1.80	1.86
黑龙江	1.61	2.09	2.10	2.08	2.05	2.05	2.06	1.99
上海	0.46	0.47	0.48	0.58	0.60	0.60	0.63	0.50
江苏	0.68	0.52	0.44	0.45	0.46	0.46	0.45	0.52
浙江	0.49	0.34	0.30	0.31	0.30	0.29	0.28	0.34
安徽	1.27	1.50	1.39	1.26	1.22	1.19	1.16	1.35
福建	0.88	0.81	0.96	0.89	0.89	0.91	0.95	0.87
江西	1.48	1.21	1.06	0.86	0.82	0.76	0.72	1.16
山东	1.26	1.47	1.35	1.24	1.25	1.20	1.18	1.34
河南	1.34	1.79	1.63	1.42	1.38	1.38	1.38	1.57
湖北	1.24	1.49	1.61	1.42	1.41	1.41	1.39	1.50
湖南	1.24	1.46	1.57	1.43	1.43	1.42	1.43	1.45
广东	0.53	0.50	0.45	0.41	0.42	0.43	0.44	0.48
广西	1.55	1.68	1.35	1.29	1.26	1.24	1.21	1.51
海南	1.55	1.95	2.26	2.24	2.22	2.21	2.21	2.03
重庆	1.21	1.47	1.55	1.39	1.39	1.51	1.43	1.40
四川	1.51	1.90	1.79	1.64	1.62	1.62	1.61	1.73
贵州	1.62	2.16	2.25	2.03	2.05	2.04	1.96	2.07
云南	1.56	1.86	2.19	1.99	2.01	2.03	2.01	1.93
西藏	1.22	1.91	2.02	2.17	2.21	2.16	2.18	1.79
陕西	1.42	1.99	2.16	2.02	2.02	2.01	2.03	1.94
甘肃	1.40	2.54	2.63	2.44	2.41	2.38	2.31	2.29
青海	1.93	2.48	2.31	2.21	2.14	2.16	2.25	2.30
宁夏	1.74	2.03	2.03	1.73	1.70	1.75	1.70	1.93
新疆	1.56	2.05	2.36	2.22	2.20	2.20	2.19	2.07

②纺织服装业。从表2-6发现，上海、江苏、浙江、福建、广东等东部省份，纺织服装业的空间集聚度较高。对比表2-5的结果则可以发现，这些省份虽然食品饮料业的企业不多，但纺织服装业的企业多，而且纺织服装业的企业空间集聚，除了这些东部省份外，还聚集在河北等省份。从地理位置看，虽然这些省份属于中部地区，但是都与空间集聚度较高的东部地区省份相邻。对比食品饮料业与纺织服装业的空间集聚度可以发现，食品饮料业从全国范围看，是比较分散的，而纺织服装业从全国范围看，空间集聚现象是非常明显的。这可能是与这两种产品的特性有关。食品饮料业存在原材料采集和保质期等问题，这就需要食品饮料业与原来供应地和市场密切联系，从而导致整个行业比较分散。而纺织服装业不存在这些问题，其原料和产成品均可以长途运输，进而导致整个行业主要集中在东部地区及周边省份。

表2-6　2000—2014年纺织服装业空间密度指数

地区	2000年	2005年	2010年	2011年	2012年	2013年	2014年	平均
北京	0.73	0.62	0.64	0.70	0.68	0.66	0.61	0.66
天津	1.14	0.95	0.83	0.76	0.71	0.68	0.66	0.89
河北	0.91	0.91	1.03	1.09	1.10	1.07	1.07	0.95
山西	0.44	0.33	0.29	0.28	0.31	0.30	0.29	0.33
内蒙古	0.75	0.47	0.46	0.40	0.39	0.38	0.36	0.50
辽宁	0.78	0.61	0.60	0.57	0.58	0.57	0.58	0.65
吉林	0.41	0.23	0.15	0.15	0.15	0.14	0.13	0.23
黑龙江	0.32	0.17	0.10	0.11	0.11	0.13	0.12	0.17
上海	1.43	1.23	1.18	1.16	1.11	1.12	1.04	1.22
江苏	1.44	1.46	1.51	1.52	1.50	1.51	1.52	1.48
浙江	1.62	1.47	1.55	1.64	1.65	1.69	1.73	1.56
安徽	0.83	0.74	0.74	0.80	0.82	0.83	0.84	0.77
福建	1.05	1.09	1.08	1.27	1.19	1.17	1.18	1.11

续表

地区	2000 年	2005 年	2010 年	2011 年	2012 年	2013 年	2014 年	平均
江西	0.49	0.81	0.92	1.05	1.09	1.18	1.24	0.83
山东	0.90	0.81	0.79	0.83	0.85	0.83	0.82	0.83
河南	0.67	0.53	0.59	0.68	0.70	0.71	0.70	0.61
湖北	0.82	0.80	0.75	0.85	0.84	0.83	0.82	0.84
湖南	0.59	0.45	0.39	0.42	0.45	0.46	0.47	0.46
广东	1.35	1.14	1.17	1.28	1.28	1.29	1.31	1.22
广西	0.36	0.34	0.33	0.36	0.37	0.36	0.36	0.35
海南	0.18	0.15	0.14	0.14	0.11	0.11	0.05	0.13
重庆	0.77	0.68	0.64	0.71	0.68	0.68	0.55	0.68
四川	0.52	0.48	0.42	0.44	0.44	0.43	0.42	0.44
贵州	0.23	0.16	0.09	0.11	0.11	0.14	0.20	0.14
云南	0.19	0.11	0.09	0.10	0.10	0.10	0.11	0.12
西藏	0.69	0.26	0.29	0.25	0.23	0.20	0.16	0.32
陕西	0.49	0.36	0.38	0.39	0.38	0.38	0.33	0.39
甘肃	0.55	0.29	0.22	0.23	0.21	0.19	0.23	0.30
青海	0.40	0.30	0.37	0.45	0.49	0.46	0.35	0.35
宁夏	0.46	0.55	0.54	0.68	0.71	0.67	0.71	0.53
新疆	0.56	0.42	0.32	0.37	0.37	0.35	0.33	0.42

③林木制品业。从表 2 -7 可以发现，2000—2014 年，林木制品业空间集聚度较高的省份主要包括东北地区的吉林、辽宁、黑龙江；东部地区的天津、上海、福建、广东、山东；中部地区的湖南；西部地区的四川、贵州、广西等。相比其他农产品加工产业，由于原料的运输成本较高，林木制品业主要与原材料供应地密切相关。比如，东北三省，西部的四川、贵州、广西，中部的湖南，东部的福建等都是我国重要的林区。

表 2－7　2000—2014 年林木制品业空间密度指数

地区	2000 年	2005 年	2010 年	2011 年	2012 年	2013 年	2014 年	平均
北京	0.89	0.82	1.00	0.80	0.84	0.85	0.89	0.90
天津	1.09	1.20	1.35	1.37	1.41	1.31	1.34	1.25
河北	1.06	0.95	0.79	0.83	0.79	0.80	0.79	0.92
山西	0.58	0.50	0.57	0.52	0.55	0.54	0.50	0.52
内蒙古	0.41	0.60	0.68	0.72	0.71	0.69	0.68	0.60
辽宁	1.05	1.21	1.10	1.07	1.03	1.04	1.05	1.10
吉林	1.40	1.55	1.32	1.34	1.29	1.28	1.18	1.39
黑龙江	1.29	1.57	1.41	1.12	1.12	1.09	1.03	1.36
上海	1.02	1.00	1.08	1.06	1.16	1.18	1.31	1.06
江苏	0.79	0.69	0.78	0.84	0.84	0.87	0.86	0.76
浙江	0.75	0.85	0.82	0.81	0.82	0.80	0.79	0.81
安徽	0.94	1.00	1.02	0.95	0.97	0.97	0.99	1.00
福建	1.26	1.15	1.19	1.34	1.31	1.35	1.39	1.25
江西	1.15	1.18	1.15	1.11	1.08	0.97	0.97	1.14
山东	0.89	0.95	1.01	0.98	1.03	1.02	1.05	0.97
河南	1.17	1.10	1.02	0.97	0.96	0.94	0.95	1.05
湖北	0.91	0.77	0.64	0.59	0.63	0.63	0.65	0.77
湖南	1.30	1.75	1.51	1.45	1.35	1.30	1.25	1.52
广东	1.19	1.21	1.24	1.20	1.21	1.22	1.22	1.20
广西	1.04	1.60	1.98	1.82	1.84	1.93	1.99	1.60
海南	1.12	1.41	0.90	0.76	0.81	0.83	0.80	1.10
重庆	0.85	0.91	0.91	0.84	0.88	0.98	0.95	0.91
四川	1.06	0.93	1.06	1.03	1.03	1.04	1.05	1.08
贵州	0.81	0.91	1.14	1.07	1.05	1.04	1.02	0.95
云南	1.08	1.24	0.95	0.90	0.90	0.91	0.92	1.05
西藏	1.01	0.76	0.48	0.52	0.24	0.42	0.33	0.79
陕西	1.12	0.92	0.59	0.53	0.51	0.52	0.51	0.75
甘肃	1.02	0.54	0.32	0.26	0.30	0.32	0.26	0.53
青海	0.23	0.35	0.57	0.00	0.00	0.06	0.10	0.24
宁夏	0.95	0.67	0.50	0.44	0.40	0.39	0.35	0.63
新疆	0.49	0.71	0.49	0.34	0.34	0.37	0.36	0.51

四、本章小结

本章从农产品加工企业发展现状出发，基于区位商的思想，从企业数量、企业产值、企业空间密度指数三个方面对农产品加工企业空间集聚度进行了测算。从测算结果看，我国农产品加工企业空间集聚呈现出如下特征：

从企业数量看，我国农产品加工企业主要集聚在中东部地区，而东北和西部地区的空间集聚度较低。从农产品加工企业空间集聚度的变化趋势看，天津的下降趋势非常明显，从2000年的0.88下降到了2014年的0.53；而黑龙江的上升趋势非常明显，从2000年的1.14上升到了2014年的1.55。

从企业产值看，我国农产品加工企业的空间集聚整体比较分散。从变化趋势看，2000—2014年间，黑龙江、吉林、福建、西藏等地农产品加工企业空间集聚度均呈现出明显的上升趋势；新疆等地农产品加工企业空间集聚度则呈现出较明显的下降趋势。其中，东北地区的黑龙江、吉林，无论是从农产品加工企业数量角度看还是从企业产值角度看，农产品加工企业空间集聚度均较高。中部地区的安徽、河南、湖北，从两个角度看农产品加工企业的空间集聚度都较高。

从企业空间密度指数看，我国农产品加工企业主要集聚在东部地区，其次是中部地区，而东北和西部地区农产品加工企业空间集聚度整体较低。从变化趋势看，2000—2014年，北京、天津、上海、广东等省份空间集聚度不断下降，江苏、山东、四川、重庆、宁夏等省份空间集聚度不断上升，其他省份变化趋势不明显。分行业看，绝大多数省份食品饮料业的空间集聚度较高。上海、江苏、浙江、福建、广东等东部省份，纺织服装业的空间集聚度较高。东北和西部地区以及东部、中部个别地区的林木制品业空间集聚度较高。

第三章　农产品加工企业空间集聚机理

一、农产品加工企业空间集聚的理论基础

（一）产业区理论

（1）马歇尔产业区理论①

产业区的概念是由新古典经济创始人马歇尔（1920）提出的，他认为集中在某些地方的工业可以称之为地方性工业，也就是产业区，而这种产业区通常是许多性质相同的企业集中在同一地方。

马歇尔认为产业区的最初形成源于自然条件和对产品的市场需求。自然条件主要是指，气候和土壤的性质，在附近地方的矿山和石坑，或是水陆交通的便利。他以英国的炼铁、陶器、草帽业为例进行了分析。在产品市场需求上，马歇尔主要以宫廷富人的需求为例进行了说明。宫廷富人需要大量高品质的货物，这会吸引熟练的工人远道而来为其生产，并且可以培养当地的工人；而这些富人为了满足自身的需要也会有意识地将工人集聚在一起从而形成产业区。

---

① Marshall A . Principles of Economics [M] . Cambridge: Cambridge University Press, 1920: 15 – 20.

而对于产业区内企业的空间集聚，马歇尔把其归纳为外部经济。他认为，外部经济是与内部经济相对应的。内部经济由大企业通过内部的技术提升、管理变革而获得，而外部经济则由许多小企业集聚在一个区域而获得。关于企业空间集聚的外部经济产生的途径或原因，马歇尔总结为三个方面：

一是专业技能劳动力的共享。在产业区内，专业技能较高的劳动力供给和需求均较大。由于拥有很多专业技能很高的劳动力，其他企业为了获得这种劳动力资源会在产业区建立工厂，从而形成空间集聚。另一方面，对于专业技能较高的劳动力，由于产业区内的市场需求很大，这些劳动力也会集聚到产业区内。

二是中间投入品和服务的共享。马歇尔认为产业区形成后，经过长时期的发展会形成辅助行业。这些辅助行业既包括为生产提供各种原料和投入品的上游企业，也包括为产品提供销售服务的下游企业。辅助行业的形成会吸引更多的其他企业到产业区建厂，从而形成空间集聚。这是因为，这些辅助行业可以减少企业的生产和交易成本，从而为企业获取更多利润创造条件。

三是技术的创新和扩散更加便利。在产业区内，由于大多数企业生产的产品性质相同，使用的技术也具有共性。那么，相对于产业区外而言，技术的创新和扩散在产业区内很容易开展。马歇尔认为，在产业区内人们很容易从别人或社会机构学到某种先进技能，从而促进技术扩散；而人们优良的工作获得社会认可后，他们会积极主动发掘先进工业技能，从而促进技术创新。

此外，马歇尔还探讨了交通运输工具改良对产业区企业空间集聚的影响。他认为，交通工具发展和思想交流自由程度变化会对工业地理布局产生双向影响：一方面，交通条件的改善，比如运输费用和贸易关税的降低，会缩减人们从远地购买商品的成本。如果缩减成本后的费用仍然小于从本地购买的费用，那么人们就会倾向于从远地购买商品。长此以往，生产这种商品的企业就会在一个地方形成集聚；而另一方面，交通条件和交流自由度的提高，使技术的交流和劳动力的流动更加容易，这会导致技术工人被分散到各个地区，从而不利于企业形成空间集聚。

（2）新产业区理论

马歇尔认为，产业区是与大规模企业组织相对应的一种工业组织形式。产业区理论提出后，大型企业集团逐步占据了国民经济的主导地位，学术界对大企业的研究兴趣逐步替代了马歇尔提出的产业区。直到20世纪70年代，意大利经济学家和社会学家对意大利工业发展的区域进行差异研究，产生了新产业区理论。新产业区理论将研究的重心从马歇尔产业区理论所强调的中小企业空间集聚转移到社区与相关联系企业的融合上面，加强了对产业区的非经济因素或社会区域因素的研究。

新产业区理论的代表性人物 Becattini（1990）认为，新产业区就是一个社会地域实体，其特点是在一个自然或历史的特定地域范围内，存在活跃的社会群众和企业群体。[①] 与其他地区（如制造业城镇）不同的是，在新产业区内社区与企业趋于融合。Brusco（1990）则对新产业区进行了分类：一是传统的中小手工企业的集聚，企业之间的

---

① Becattini G. The Marshallian Industrial District as a Socioeconomic Notion[R]//Pyke F, Becattini G , Sengenberger W . Industrial Districts and Inter Firm Cooperation in Italy. Geneva: International Institute for Labour Studies, 1990:31 -57.

关系较为松散；二是以大型企业主导的基于垂直分工的产业区，企业之间的联系非常紧密；三是没地方政府干预，自发形成的产业区；四是在地方干预下形成的产业区。①

新产业区理论认为，企业空间集聚的原因主要是在经济全球化和知识经济的背景下，中小企业的竞争优势逐步丧失，而为了维持生存和获取更多的竞争优势，它们会在某个特定区域形成集聚。集聚形成以后，会形成较强的外部经济效应和创新网络效应，降低交易成本，促进分工协作，进而提升中小企业的创新能力和竞争力。②

（二）工业区位理论

（1）韦伯的工业区位理论

继马歇尔提出产业区理论之后，韦伯（Weber，1929）从工业企业区位选择的角度，对企业空间集聚问题进行了深入研究。工业区位理论的主要内容包括影响企业区位选择的因素、企业集聚过程及机制、企业集聚地点等。③

韦伯将区位因素划分为一般因素和特殊因素。一般因素是指所有工业企业在区位选择中都需要考虑的因素；而特殊因素是指某些特定行业的企业在区位选择中需要考虑的因素。对于一般因素，韦伯认为主要是要考虑企业的成本因素，具体而言又包括了地租成本、劳动力成本和运输成本。虽然企业的成本组成不止这三个方面（如货币利息成本、固定

① Brusco S. The Idea of the Industrial District: The Experience of Italy [M]//Keeble D, Wever E. New Firmsand Regional Development in Europe. London: Groom Helm, 1990: 84 - 202.

② 田明，樊杰. 新产业区的形成机制及其与传统空间组织理论的关系[J]. 地理科学进展，2003(2): 186 - 194.

③ Weber A. Theory of the Location of Industries[M]. Chicago: University of Chicago Press, 1929.

资产成本等)，但是韦伯认为这三个方面的成本与区位选择有关，即是说不同区域的地租成本、劳动力成本和运输成本存在显著差异，企业在选址中需要选择成本最小的区域。特殊因素主要包括原材料的易腐性、空气湿度、淡水资源的可获得性等。显然，这些因素只对一些特定行业的企业区位选择产生影响，不是韦伯工业区位理论考虑的重点。

韦伯根据区位因素对企业区位选择的不同作用结果进一步将区位因素划分为区域性因素和聚集或分散因素。区域性因素是将工业企业导向某些特定地理区域的因素；而聚集或分散因素，是引发工业企业在某个地方产生集聚或分散的因素。如前所述，韦伯认为原料产地的相对价格幅度、劳动力成本和运输成本三者是所有工业的区域性区位要素，而原材料产地相对价格幅度可以用运输成本替代。因此，韦伯主要分析了劳动力成本和运输成本对企业区位选择的影响。

由于分散性因素是聚集性因素的反面，韦伯主要研究了影响企业聚集的因素。他认为聚集因素就是一种优势，即企业在某个地方聚集，就是企业在这个地方相对于其他地方而言能够获取更多的优势。具体而言，韦伯主要考虑的成本优势，即单位产品的成本指数。为了说明工业企业空间集聚的过程，他将企业集聚的过程划分为两个阶段：第一个阶段是企业自身规模不断扩大从而引发产业地理集中，称为初级阶段；第二个阶段是大企业以完善的组织形式而形成的产业地理集中，称为高级阶段。在高级阶段，韦伯认为影响企业空间集聚的因素主要包括三大类，即技术设备发展、劳动力组织和整体经济组织良好的适应性。

对于第一大类因素，韦伯认为技术设备的发展，使得技术设备的专业化和生产效率增强。即使是大型企业也不能成天满负荷地使用这些设备，这就使得设备可以分离出来为更多的企业提供服务，从而形成辅助企业。也正是因为机器设备的共享降低了企业的生产成本，这将会吸引其他企业在这个区域形成集聚。对于第二大类因素，韦伯认为劳动力组织也类似于技术设备发展，即是说劳动力的专业化会吸引其他企业在这个区域集聚。对于整体经济组织良好的适应性，他认为主要是包括市场化因素和经常性成本。市场化因素主要是指企业空间集聚可以使得企业大批量地购买原材料和销售产品，特别是在原材料上，企业空间集聚可以保证企业能够及时购买到原材料的购买数量和质量；而经常性支出主要是指企业在水、电、气、道路等共公共设施上的共享，由于集聚可以进一步降低使用成本。

在对集聚性因素分析之后，韦伯还研究了企业空间集聚的地点。他假定等运费线之间会产生交叉，而各个交叉点存在生产量，且生产量存在差异。韦伯认为，等运费线的交叉点，就是产生集聚的地点，而集聚中心就是等运费线交叉点所围成的公共区域。生产量大的集聚点会吸引生产量小的集聚点，最终在生产量较大的等运费线交叉点形成集聚中心。

（2）勒施的工业区位理论

与韦伯的成本导向不同的是，德国经济学家勒施（Losch，1943）认为企业区位选择应该是利润导向，即选择利润最大化区域作为厂址。[①] 他首先分析了韦伯提出的运输费用最小化的企业区位选择，又提出了收入最大化的企业区位选择。收入最大化要考虑消费者的数量和产品的销售价格，消费者的数量取决于人口数量，而销售价格取决

① 奥古斯特·勒施．经济空间秩序［M］．王守礼，译．北京：商务印书馆，1995：38.

于消费者的收入水平。因此，勒施认为企业会向人口稠密且非常富裕的区域集聚。但是，在自由经济条件下，个别企业的区位既要考虑成本也要考虑收入，是纯利润最大化的地点。在企业的区位选择过程中，还必须考虑竞争者、购买者和供应者的反作用。

勒施提出了市场区的概念，并把市场区划分为供给型区域和消费型区域。其中，工业区类似于供给型区域，而农业区类似于消费型区域。在供给型区域，是消费者围绕生产者以生产者为中心；而在消费型区域，是生产者围绕消费者以消费者为中心。勒施还对企业空间集聚的类型进行了研究，认为企业空间集聚包括点状集聚和平面集聚，而平面集聚又可以划分为带状集聚和地区集聚。带状集聚的影响因素主要包括地理位置交通条件、原材料供应地、联合和规模利益三大类因素。

（3）艾萨德的工业区位理论

美国经济学家艾萨德（W. Isard，1949，1956）对韦伯和勒施的工业区位理论应用数学公式进行了一般化的理论表述，并进行了扩展和修正。[①②] 艾萨德建立了区域与空间经济的一般均衡理论，提出了“距离投入”“距离投入边际替代率”等新概念。艾萨德认为，聚集经济主要包括三种类型：规模经济、地方化经济和城市化经济。其中，地方化经济就是韦伯提出的工业区位理论。艾萨德认为，规模经济是企业内部的，而地方化经济是企业外部的，它依赖类似几家企业在空间上的邻近。当空间邻近使辅助性设施得以有效利用时，企业的服务投入成本会降低，从而产生空间集聚。艾萨德认为，企业集聚中心不会出现在总运

① Walter Isard. The General Theory of Location and Space - Economy[J]. The Quarterly Journal of Economics,1949,63(4):476 - 506.

② Walter Isard. Location and Space - Economy[M]. Cambridge:MIT Press,1956.

费最小点上，而是具有更大讨价还价能力的企业公共相交部分。也就是说，按照艾萨德的观点，企业集聚中心的形成是不同企业间博弈的结果。

（三）新兴古典经济学分工集聚理论

古典经济学的创立者亚当·斯密（1776）正式赋予了劳动分工在经济学中的重要地位，并从分工对劳动生产率的作用、分工产生的原因、分工的影响因素等多个层面对劳动分工问题进行了系统的分析。[①]斯密认为，分工对劳动生产率的作用主要表现在提高劳动者的熟练程度、缩短不同工作之间转换的时间以及有利于机械发明等三个方面，分工产生的原因则是人们多样化消费偏好所导致的物品交换的需要，而分工的影响因素主要有市场范围、运输条件、人口规模等。

虽然20世纪上半叶，分工理论已经被主流经济学边缘化，但是阿伦·杨格（1928）《报酬递增与经济进步》一文的发表，使得分工理论又重新回到了经济学家的视野。杨格认为，产业的不断分工和专业化是实现报酬递增的基本条件；劳动分工虽然取决于市场规模，但市场规模也取决于劳动分工；现代经济的劳动分工形式主体体现在迂回生产或中间产品种类数的增加上。[②]

20世纪80年代以来，以罗森、贝克尔、杨小凯、黄有光、博兰等为代表的经济学家将斯密、杨格等的劳动分工与专业化思想模型化，形成了一个以研究劳动分工、专业化与经济组织为核心的新兴古

① 亚当·斯密．国民财富的性质和原因的研究[M]．郭大力，王亚南，译．北京：商务印书馆，1974.

② Allyn A Young. Increasing Returns and Economic Progress[J]. The Economic Journal, 1928, 38(152): 527 - 542.

典经济学框架。杨小凯（1988，1991）将罗森的专业化经济概念、贝克尔的消费—生产者概念以及新制度经济学的交易费用概念融为一体，采用超边际分析方法，建立了一个以分工演进、专业化人力资本为核心的内生经济增长模型。[①②] 他认为，分工演进和专业化生产可以带来知识积累和人力资本水平的提升，进而促进报酬递增，实现经济的内生增长；而分工演进与市场规模之间互相促进，只要分工收益的增加超过了交易费用的增加，分工就有进一步演进的可能。

由此可见，分工可以促进规模报酬递增，进而实现经济的内生增长，但是分工本身却受到市场规模和交易费用的限制。因此，为了促进分工演进就需要扩大市场规模和降低交易费用，而企业的空间集聚一方面，可以进一步扩大对产品的需求，进而扩大市场规模；另一方面，由于空间的邻近性，极大地方便了企业之间的交流合作，也有利于企业长期交往过程中的协商，进而降低交易费用。也就是说，空间集聚本身就是一种基于企业专业化分工的合作网络和分工的中间性组织形式。通过空间集聚，可以实现专业化分工的规模报酬递增，空间集聚是分工收益的实现形式。因此，分工演进客观上需要企业进行空间集聚，进而促进企业空间集聚。

（四）新经济地理学理论

新经济地理学从研究对象和研究方法等方面对经济地理学进行了拓展。以克鲁格曼（Paul Krugman）为代表人物的新经济地理学兴起于20

---

① Yang Xiaokai. A Microeconomic Approach to Modeling the Division of Labor based on Increasing Returns to Specialization[D]. Princeton: Princeton University, 1988.

② Yang Xiaokai, Jeff Borland. A Microeconomic Mechanism for Economic Growth[J]. Journal of Political Economy, 1991, 99(3): 460–482.

世纪90年代，以收益递增、不完全竞争假设为基础，从规模经济、运输成本、市场需求、循环累积因果等视角分析企业空间集聚的形成机制。

克鲁格曼认为，企业会选择产品需求较大的区域建厂，从而节约产品的运输成本。[①] 产品需求较大的区域也正是企业的集聚区域。因此，市场需求既是企业选择区位的动因也是企业空间集聚的结果，具有循环积累的特征。同样，运输成本较小既是企业选择区位需要考虑的因素，也是企业聚集的结果。这是因为企业集聚后会促使产品的本地需求扩大和交通网络完善，进而缩小运输半径，提高运输效率，降低运输成本。

克鲁格曼认为，导致企业空间集聚的因素主要包括规模经济、运输成本和从事制造业人口所占比例三个方面。[②] 为了说明这三个因素的影响机理，我们首先假定一个国家有东部和西部两个地区，生产农产品与工业品两种产品。由于农产品的生产必须依赖特定要素——土地，因此从事农产品生产的农业人口数量受到土地要素的影响，被外生决定。假设两个地区农民的数量相等。工业品可以在一个地区生产，也可以在两个地区生产。如果在一个地区生产，那么销售到另一个地区会存在运输成本；如果在两个地区生产，则会由于建设两个工厂，而额外增加企业的开办成本。进一步假设，制造业就业的劳动力与制造业产品的产量成比例，而对制造业产品的需求与该地区人口数量成比例。

一方面，用π表示制造业从业人口在总人口中的比例，用S_M表示

① Krugman P. Increasing returns and economic geography [J]. Journal of Political Economy, 1991 (99): 483 - 499.

② Paul R Krugman. Geography and Trade [M]. Cambridge: MIT Press, 1991.

东部地区制造业从业人口占全国制造业从业人口的比例，S_N 表示东部地区人口占全国总人口的比例。由于假设东西部的农民是平均分配的，所以东部地区的人口占全国总人口的比例至少有 $(1-\pi)/2$，而东部地区的制造业份额越大，则东部地区制造业从业人口在全国制造业总人口中所占比例越大。可以通过公式表示：

$$S_N = (1-\pi)/2 + \pi S_M \tag{3-1}$$

在式（3－1）中，如果东部地区的人口比例 S_N 较小，企业在东部地区建厂就可能会由于建厂的固定成本较高而得不偿失；与此相反，如果东部地区的人口比例 S_N 较大，而运输成本较小，那么在东部地区建厂显然是非常有利的。如果建厂的固定成本相对于运输成本而言不大，在人口分布比较均匀的情况下，企业就会在东部地区和西部地区分别建厂，并销售于本地市场。

用 Q 表示企业的产品销售量，F 表示开办一个工厂的固定成本，t 表示单位工业制造品从东部到西部或从西部到东部的运输成本。由于对产品的需求与人口数量成比例，则 S_NQt 可以表示制造业产品销往东部地区的总运输成本。在 S_NQt 小于 F 时，在西部地区建厂将产品销往东部地区比在东部地区单独建厂更加有利。如果 $(1-S_N)Qt$ 小于 F，则在东部地区建厂将产品销往西部地区比在西部地区单独建厂更加有利。如果这两个条件均不成立，那么在两个地区分别建厂并销往本地区是比较有利的。

如果所有制造业均集中在东部，那么西部地区的人口比例为 $(1-\pi)/2$，东部地区向西部地区提供产品的运输成本为 $(1-\pi)/2Qt$，而在西部地区建厂的成本为 F。因此，企业在东部地区集聚的必要条件是

$$F > (1 - \pi)/2Qt \tag{3-2}$$

从式（3-2）可以发现，要保证企业在东部地区集聚即式(3-2)成立，需要满足的具体条件是：F 足够大，即企业存在较大的规模经济，规模越大产生的效率才越高；t 足够小，也就是说单位产品的运输成本足够小；π 足够大，也就是说从事制造业的人口数量相对于农业人口数量比例更大。

上述三个条件，就是影响企业空间集聚的三个因素。进一步分析可以发现，规模经济存在较大的行业差异，往往是资本密集型企业规模经济才得以显现；而运输成本除了因为交通工具改善的技术因素外，也取决于企业集聚所带来的基础设施条件完善和本地市场效应；至于从事制造业人口比例，一方面也是由技术进步因素决定，另一方面则是由制造业企业空间集聚导致的分工深化所内生决定。企业空间集聚并不是永恒的，它的动态变化要受到历史和预期的影响。

此外，克鲁格曼还对马歇尔提出的产业区理论中有关企业空间集聚的三个因素进行了拓展分析。在劳动力共享因素中，克鲁格曼认为企业空间集聚对企业自身和工人都有利。对企业而言，在自己经营较好，而另一家企业经营不好时，它可以顺利雇佣到足够数量的工人；对工人而言，一家企业经营不好，可以到另外一家企业工作，从而降低了失业风险。此外，企业空间集聚还可以使企业付出的平均工资成本降低，使工人工资的波动性降低，从而降低工人风险。对于中间投入品共享，克鲁格曼认为，只有当中间投入品的生产存在规模经济且运输成本较高时，才会使企业空间集聚更加有利。对于技术外溢因素，克鲁格曼认为并不十分重要，技术含量不高的企业同样会产生空间集聚现象。

（五）新新经济地理学理论

与新经济地理学以企业同质性假设不同的是，新新经济地理学以Melitz（2003）提出的企业异质性特征为基础①，分析企业成本与效率的异质性对企业空间集聚的影响。Baldwin 和 Okubo（2006）将 Melitz（2003）的企业异质性假设引入 Martin 和 Rogers（1995）建立的自由资本模型中，分析企业空间集聚中的选择效应和分类效应。②③

根据新经济地理学的中心外围模型，假设存在两个区域，其中 A 为中心区域，对产品的市场需求大且生产及贸易成本低；而 B 为外围区域，对产品的市场需求小且生产及贸易成本高。按照新经济地理学的观点，显然企业会选择在 A 区域建厂以寻求利润最大化。但是，随着越来越多的企业在 A 地区集聚，企业之间的竞争会加剧。其中，有些企业由于自身管理或技术方面的因素，内生的生产成本低、经营效率会更高，而另一些企业可能与此相反。也就是说，企业在成本和效率上存在差异。显然，成本低、效率高的企业更加具有竞争力。

也正是因为存在竞争力的差异，能够选择向 A 地区集聚的企业，成本应该较低而且效率更高，否则其到达 A 地区后会被淘汰，这就是企业空间集聚中的选择效应。但是，在 A 地区里那些生产效率较低的企业，则会选择迁移到 B 地区，不与 A 地区生产效率高的企业直接竞争，这就是企业空间集聚中的分类效应。

① Melitz M . The Impact of Trade on Intra – industry Reallocations and Aggregate Industry Productivity[M]. Econometrica,2003,71(6):1695 – 1725.

② Baldwin ,Okubo. Heterogenous Firms , Agglomeration and Economic Geography :Spatial Selection and Sorting[J]. Journal of Economic Geography,2006,6(3):323 – 346.

③ Martin P, Rogers C A. Industrial Location and Public Infrastructure [J]. Journal of International Economics ,1995,39 (3 – 4):335 – 351.

根据 Baldwin 和 Okubo（2006）的观点，一方面，企业在 A 地区形成空间集聚后，整个产业的生产效率比 B 地区更高，不仅仅是因为新经济地理学所强调的收益递增，也可能是由于选择效应，让生产效率高的企业迁移到了 A 地区，从而提升了 A 地区整个产业的生产效率。另一方面，处于外围的 B 地区的地方政府，为了增加自身在全面工业中的份额，可能会通过各种优惠政策吸引 A 地区的企业到 B 地区建厂。但其结果往往是由于分类效应的存在，吸引 A 地区生产效率较低的企业到 B 地区，因而使得政府的这种政策对推动本地区经济发展的作用被削弱。

二、农产品加工企业的产业特性

农产品加工企业是指对农业部门提供的初级产品或中间产品，通过物理、化学或生物学的方法，对其生物属性及外观进行生产加工的工业企业。农产品加工产业是制造业的重要组成部分，农产品加工企业空间集聚的形成具有其他制造业企业空间集聚的一般特性。因此，现有的企业空间集聚的理论为进一步分析农产品加工企业空间集聚的内在机理奠定了基础，但是，农产品加工产业与其他制造业相比还有自身的产业特性。因此，为了进一步分析农产品加工企业空间集聚的内在机理，首先需要对农产品加工企业的产业特性进行分析。

对农产品加工企业的产业特性，可以从原料特性、产品特性和产业链特性三个方面进行分析。[①]

---

① 卢凤君，张敏，李世峰，等. 区域农产品加工产业发展的成功之路：集聚与升级[M]. 北京：中国农业出版社，2008：7.

（一）农产品加工企业的原料特性

农产品加工企业是以农产品为原料的，从广义而言，农产品主要包括粮、油、果蔬等种植业产品，猪、牛、兔、羊、鸡、鸭等畜牧类产品以及各种林业类产品和渔业类产品。大多数农产品具有鲜活、易腐性特征，对运输工具、仓储条件及时间有较高的要求，从而导致其具有较高的仓储物流成本。

另一方面，农业的生产要依赖特定的自然地理环境，农产品具有区域性、季节性和高风险性的特征。从区域性看，不同区域的自然地理条件决定了其产出的农产品类别，从而使得农业生产具有典型的自然分工。从季节性看，农业生产受生物生长周期的影响，不同季节产出的农产品数量会不同。从高风险性看，一旦发生自然灾害，农业生产遭受的损失非常大。

（二）农产品加工企业的产品特性

一是产品的生命周期较长。农产品加工企业的产品大都是直接满足人们日常消费需要的，消费者对样式、功能和技术含量的要求相对较低，产品升级换代的频率较低。这就导致了农产品加工企业的产品生命周期一般较长。

二是产品的替代性强，市场竞争激烈。由于农产品加工企业的技术含量相对较低，投资规模也相对较小，因此农产品加工产业的进入壁垒非常低，而且不同种类的农产品加工产业产品间的可替代性非常强。这就导致了整个农产品加工产业的市场竞争相对于其他制造业而言非常激烈。

三是产品的质量安全性要求较高。由于大多数农产品加工产业的产品是直接满足人们日常食用需要的，直接关系到人们的身体健康，因此，对农产品加工产业产品的食用安全性要求很高。这就需要政府建立起比较完善的质量安全标准体系，并监督企业认真执行。由此，造成了整个行业产品的监督成本较高。

（三）农产品加工企业的产业链特性

一是产业链条较短。农产品加工产业是以农产品为原材料的，已经处于整个农业产业链的高端区域，而农产品加工产业本身的产业链，在向下延伸，主要是包装、品牌推广等辅助性环节。当然，随着技术的进步，农产品加工产业还可以向精加工、深加工方向延伸，但这种延伸往往是有限的，而且对于绝大多数农产品加工产业而言，也不是非常必要的。

二是产业链条比较松散、脆弱。农产品加工产业虽然与上游的农业生产和下游的产品包装销售存在一定的联结，但这种联结往往是比较脆弱、松散的。与其他制造业相比，这种联结很容易由于偶然性的因素而被解散，而且联结的本身也是比较松散的，往往是通过非正式协议。

三是企业之间的分工协作不紧密。由于农产品加工产业本身的产业链条较短，不同农产品加工企业之间的合作，往往只限于区域品牌的塑造和原材料、技术的共享上。又由于整个行业的进入门槛较低，实际上加剧了企业之间的竞争，从而对企业之间的分工协作造成了障碍。

三、农产品加工企业空间集聚的内在机理

农产品加工企业空间集聚是指相互独立而又存在某种关联的农产品加工企业向某一地域空间形成地理集中的过程及现象。农产品加工企业空间集聚不同于产业集群，但集聚可能会形成农产品加工产业集群；大型农产品加工企业集团不同于农产品加工企业空间集聚，尽管它可能是导致集聚的重要力量。大型企业集团从组织形式上看是企业组织，而农产品加工企业的空间集聚是介于企业和市场之间的中间性组织。本书将从农产品加工企业空间集聚的起点、过程、结果和边界四个方面，对其空间集聚的机理进行分析。

（一）农产品加工企业空间集聚的起点

（1）原料供给的视角

由于农产品加工企业需要以农产品为原料，农产品加工企业的空间集聚首先就是围绕农产品的产地而形成的。某个特定区域生产怎样的农产品，相应的农产品加工企业便在这个区域产生，并且农产品加工企业在生产过程中对农产品原料的需求，一般而言是对某一种农产品的大量需求。这就对农产品的生产提出了更高的要求。也就是说，为了满足农产品加工企业的原材料需求，农业生产种植应该具有专业化和规模化的特征。而农业生产种植的专业化和规模化，实质上就是农业空间集聚的结果，是不同地区农业分工演进的结果。

由此可见，农产品加工企业的空间集聚是以农业空间集聚为基础的，而农业的空间集聚主要是基于比较优势的自然分工结果。因此，农产品加工企业空间集聚的起点是自然地理条件导致不同区域生产不

同种类的农产品。为了提升这些农产品的附加值和促进产品需求量，发展农产品加工产业就迫在眉睫。

农业空间集聚与农产品加工企业空间集聚的内在关系是：一方面，农业空间集聚是农产品加工企业空间集聚的原材料支撑，农产品加工企业空间集聚要以农业空间集聚为条件；另一方面，农业空间集聚形成后，其集聚效应的实现又在客观上依赖农产品加工企业的空间集聚。也就是说，农业空间集聚与农产品加工企业空间集聚是互为条件、互相促进的。但是，从产业发展阶段看，显然应该首先是农业发展，然后才是作为制造业重要组成部分的农产品加工产业发展。因此，从产业发展的前后关系看，农产品加工企业空间集聚的起点，就是农业空间集聚形成后，为了更好地实现集聚效应，而在客观上延伸农产品产业链，进而产生和促进农产品加工企业空间集聚。从原材料视角看，农产品加工企业空间集聚的形成过程如下：农业地域分工—农业区域专业化和规模化—农业空间集聚—农产品加工企业空间集聚。

（2）市场需求的视角

农产品的需求主要由自给需求和市场化需求构成。自给需求是农业生产者满足自身的农产品消费需要，而市场化需求是非农产业从业者通过市场交易的方式满足农产品消费需要。农产品市场需求的扩大主要是工业化和城镇化的结果。在工业化和城镇化过程中，大量的农业劳动力转移到城镇从事非农产业工作。这些人的农产品消费需求就只能通过市场交易来满足，进而产生了农产品的市场化需求。

随着城镇化和工业化的加速推进，人们对农产品的市场化需求会从数量、质量及品种上发生变化。从数量上而言，越来越多的人口转移到城镇，对农产品的需求数量也会增加。由此会导致本地生产的农产品难以满足本地的市场化需求，从而会产生大量的外地农产品流向城镇，进而促进城镇周边农产品交易的集中。但是由于农产品自身的保质期较短，为了更好地满足人们对农产品的需求，在这些交易市场对农产品的初级加工便产生了。

此外，随着城镇化的加快发展和生活水平的提升，人们会产生农产品消费的多样化偏好。初级农产品虽然种类较多，但是其保存期限和品位仍然存在局限性。这就迫切需要农产品加工企业，把初级农产品制造成人们喜爱的各种食品、饮料等。城镇化地区对农产品的需求量不但很大而且是多样化的。这就要求不同类型的农产品加工企业在城镇集聚才能满足其需要。

由此可见，从市场需求视角看，农产品加工企业空间集聚的起点是其他制造业和城镇人口集聚。由于其他制造业和城镇人口的集聚，产生了大量的、多元化的农产品需求，进而催生了农产品加工产业的发展和空间集聚的形成。从市场需求视角看，农产品加工企业空间集聚的过程如下：城镇化发展、人口集聚、其他制造业的发展—农产品消费的多元化—农产品加工企业空间集聚。

（3）两种视角的关联

虽然上述从原料供应和市场需求两个视角探讨了农产品加工企业空间集聚的起点，但是，这二者之间是存在联系的。这是因为，基于原料供应的农产品加工企业空间集聚，仍然需要以对农产品加工产品的市场需求扩大为基础；而基于市场需求视角的农产品加工企业空间集聚，仍然需要以原材料的供应为基础。那么农产品加工企业空间集聚的形成到底是在原料产地还是市场需求地，则取决于原料运输成本和产成品运输成本的高低。在交通基础设施不发达的时期，农产品加工企业空间集聚往往会倾向于在原料产地；而随着交通基础设施的不断完善，原料的流通成本降低，那么农产品加工企业空间集聚多发生在市场需求地。但是，如果某些特殊行业的原料运输成本远远大于产品流通成本，那么农产品加工企业空间集聚仍然会发生在原料产地。

（二）农产品加工企业空间集聚的过程

农产品加工企业空间集聚形成后，将由于循环累积因果和其他集聚效应的作用，使农产品加工企业的空间集聚程度不断强化。循环累积因果和其他集聚效应作用的产生主要表现在以下几个方面：

（1）原材料供应的强化

从原料供给视角看，农产品加工企业空间集聚形成后，对原料的需求会不断扩大，进而会带动相关农产品种植规模的扩大。而农产品种植规模的扩大，又进一步强化了原材料的供应，将吸引更多的农产品加工企业在该地区集聚。种植相关农产品的农民为了获取更多的收益，也会纷纷扩大种植规模，进而使得农产品加工产业的原材料供应更加廉价、稳定，而廉价、稳定的原材料供应会吸引其他企业到原料产地从事农产品加工。这是因为，如果在其他地方建设工厂不但原材料供应可能无法满足，而且会提升原材料的运输成本，进而降低企业收益。也就是说，原材料供应的自我强化，会吸引更多企业到原材料产地投资建厂，进而进一步提升农产品加工企业的空间集聚度。

（2）市场需求的强化

从市场需求视角看，一旦农产品加工企业围绕市场需求形成空间集聚后，会进一步扩大市场需求。市场需求的扩大又会吸引更多的农产品加工企业在该地区集聚，从而提升农产品加工企业的空间集聚度。这是因为，农产品加工企业围绕市场需求形成集聚，会带来相应的技术工人及其家人在市场需求地集聚。那么这部分人口自身对农产品加工品的需求也会增长。农产品加工企业空间集聚的形成，在一定程度上也可以促进农村人口的城镇化转移，进而扩大城镇人口规模，扩大对自身产品的市场需求。农产品加工企业空间集聚的形成，还会带动相关产业的发展，而相关产业从业人员的增加，也会扩大对农产品加工品的需求。总之，根据新经济地理学家克鲁格曼的观点，市场需求是农产品加工企业空间集聚形成的重要原因，也是空间集聚形成的重要结果，具有循环累积因果效应。

（3）技术外溢效应的作用

农产品加工企业空间集聚形成后，在集聚地区，不同农产品加工企业间对技术的需求具有一定程度的共性，农产品加工技术的传播和扩散在不同企业间更加容易、便利。一个企业技术水平的提升可能会导致整个地区技术水平的提升，从而产生较强的技术外溢效应。在技术外溢效应的作用下，农产品加工集聚区的企业生产率会得到不断提高，也会吸引其他企业到该地区投资建厂，从而强化农产品加工企业的空间集聚度。

（4）区域品牌效应的作用

在农产品加工企业空间集聚区内，由于产品的相似性，很容易形成区域品牌。区域品牌形成后，其他企业为了获取这种品牌所带来的增值效应，会在农产品加工集聚区投资建厂。随着企业的不断增加，集聚区内农产品加工企业的空间集聚度将会不断得到强化。

（5）产业内部分工的不断深化

在农产品加工企业集聚区内，随着产业链条的不断延伸和内部分工的不断深化，会涌现出越来越多的新企业、新产业。新企业、新产业的出现，会使该区域围绕农产品加工产业链集聚的企业数量不断提升，产业规模不断壮大。这就会不断强化集聚区内农产品加工企业的空间集聚度。

（6）地方政府支持政策的作用

在农产品加工企业集聚区内，农产品加工企业对地方经济发展的贡献将越来越突出，主要表现在对地方农村劳动力就业、农民收入增长、农业发展以及地方财政收入增长的贡献等几个方面。由此可见，地方政府对农产品加工企业的重视程度会增强，对农产品加工企业的支持政策也会加以强化。在地方政府的支持下，外来的企业可能会到集聚区投资建厂，而本地企业也将会不断发展壮大，从而进一步强化农产品加工企业空间集聚度。

（三）农产品加工企业空间集聚的结果

农产品加工企业空间集聚的结果主要包括两种类型，即专业化集聚和多样化集聚。专业化集聚是集聚在某个区域的农产品加工企业生产同类型产品，而多样化集聚是集聚在某个区域的农产品加工企业生产不同种类的产品。专业化集聚和多样化集聚又可以进一步细分为多种类型，具体表现如下：

（1）专业化集聚

农产品加工企业的专业化集聚主要包括简单的专业化集聚和基于内部纵向分工的专业化集聚。其中，简单的专业化集聚主要基于区域品牌效应和原料产地效应形成，企业之间的合作相对简单，主要是横向的原料共享、市场共同开拓、品牌共享等方面的合作。基于内部纵向分工的专业化集聚，就会形成产业集群。不同企业围绕农产品加工产业链条形成了上下游的产品供销关系。企业之间的合作更多表现为纵向的产品供销。

（2）多样化集聚

多样化集聚主要产生在大城市和交通枢纽地。在大型城市地区，人们对农产品加工产品的需求量大，而且需求品种多样。这种市场需求会吸引生产不同产品的农产品加工企业集聚在城市周边，为人们的生活服务。在交通枢纽地，交通运输条件和区位条件的优势会形成农产品加工产品和农产品加工原料的集散地。这会吸引生产不同种类产品的农产品加工企业在该地区集聚，而这种集散地所经营的产品种类也是多样化的，在此地区形成的农产品加工企业集聚也就属于多样化集聚。

（四）农产品加工企业空间集聚的边界

农产品加工企业空间集聚不会是一个没有终点的过程而是聚集到一定程度后，可能转向分散，从而停止集聚。影响农产品加工企业空间集聚停止甚至分散的主要因素有以下几个方面：

（1）原材料供应边界

由于农产品加工企业是以农产品为原材料，而农产品生产规模的扩大和产量的提升必须依赖土地、技术、劳动力等要素，一旦农产品集聚地可供使用的专门提供原材料的农用地达到了最大限度，而相关的农业技术也没有新的突破，那么基于原材料的农产品加工企业空间集聚将会停止。

（2）市场需求边界

农产品加工企业产品市场需求的扩大，是以人口的不断增长集聚和人口的消费能力不断提升为条件的。如果人口出现了老龄化和负增长，又或者集聚在城镇的人口由于生活环境的恶化和产业的衰退，又会向其他地区扩散，那么此时集聚在该地区的农产品加工企业可能会由于市场需求不足出现倒闭，也可能会由于环境容量的限制转移到其他地区。这些都会导致农产品加工企业空间集聚的停止和分散。

（3）内部竞争加剧

农产品加工企业的空间集聚会导致企业和企业之间出现竞争。特别是在专业化集聚区内，随着进入该地区的农产品加工企业数量不断增多，企业之间的产品差异化程度又不会太大，就会加剧该地区的竞争程度。在竞争加剧后，一些效率低的企业可能会出现倒闭，也可能会迁移到其他地区，进而使得农产品加工企业空间集聚出现停滞或向扩散化方向发展。

四、本章小结

本章基于企业空间集聚的一般理论，结合农产品加工企业的产业特性，对农产品加工企业空间集聚的形成机理进行了分析。主要研究结论如下：

企业空间集聚的一般理论主要包括产业区理论、工业区位理论、新兴古典经济学的分工集聚理论、新经济地理学理论和新新经济地理学理论。这些理论从不同的视角揭示了企业空间集聚的形成原因，为分析农产品加工企业空间集聚机理及影响因素奠定了理论基础。

农产品加工企业的产业特性主要包括原材料特性、产品特性和产业链特性。农产品加工企业以农产品为原料，大多数农产品具有鲜活易腐性特征，对运输工具、仓储条件及时间有较高的要求，从而导致其具有较高的仓储物流成本。农产品加工企业的产品生命周期较长，产品的替代性强，产品的质量安全性要求较高。农产品加工企业的产业链条较短，产业链条比较松散、脆弱，企业之间的分工协作不紧密。

农产品加工企业空间集聚的机理主要包括空间集聚的形成起点、集聚的强化过程、集聚的结果、集聚的边界。原材料供应和市场需求是农产品加工企业空间集聚的起点，农产品加工企业空间集聚的产生是在原料产地还是在市场需求地，则取决于原料运输成本和产成品运输成本的高低。原料供应的强化、市场需求的强化、技术的外溢效应、区域品牌效应、产业内部分工、地方政府支持等因素，会不断提升集聚地区农产品加工企业的空间集聚程度。农产品加工企业空间集聚的结果表现为专业化集聚和多样化集聚。原料供应边界、市场需求边界和企业竞争加剧，使得农产品加工企业空间集聚不会没有终点，而可能会出现停滞甚至分散。

第四章　农产品加工企业空间集聚的影响因素

一、农产品加工企业空间集聚影响因素的理论分析

农产品加工企业空间集聚形成的机理表明，农产品加工企业空间集聚主要受到原材料供应、市场需求规模、交通运输条件、地方政府干预等因素的影响，而这些因素都具有循环累积因果效应。各个因素对农产品加工企业空间集聚的影响路径如下：

（一）原材料供应

农产品加工产业是对农业产业链的进一步延伸。因此，农产品加工产业的发展，一方面需要依赖农业发展，为其提供原材料；另一方面，农业发展是农产品加工企业空间集聚度不断得以扩大的基础。但是，对于某些农产品加工产业而言，由于原材料运输和储藏成本较低，随着交通运输条件的逐步改善和储藏技术的进步，农产品加工产业对农业发展的依存度会有所降低。农业发展是农产品加工企业空间集聚的原料供应基础，而农业发展可以用一个地区的农业总产值来衡量。

（二）市场需求规模

对农产品加工品的需求是农产品加工产业得以发展的基础。农产品加工品的市场需求，主要是因为非农产业的发展以及人们生活水平的提高。一方面，非农产业发展后，越来越多的人从事非农产业工作，这部分人的农产品消费需求需要通过市场交易来满足。也就是说，非农产业规模越大，对农产品加工品的市场需求量就会越大，就会引发农产品加工企业形成集聚。另一方面，非农产业人员收入水平的增长也是引发农产品加工品市场需求扩大的重要条件。因此，农产品加工品市场需求的规模主要受到人口数量和人均收入水平的影响，而这二者都可以用社会零售品消费总额来反映。

（三）交通运输条件

无论是原料供应的农产品加工企业空间集聚还是基于市场需求的农产品加工企业空间集聚，均会受到交通运输条件的影响。随着交通运输条件的不断改善，原料供应地农产品加工企业空间集聚度可能会受到一定程度的削弱。市场需求地的农产品加工企业空间集聚，由于产成品运输成本的降低，进而会受到一定程度的削弱。也就是说，交通运输条件可能会给农产品加工企业空间集聚带来负面影响。

（四）地方政府干预

发展现代农业，促进农民收入增长，是地方政府面临的重大任务，而农产品加工产业对现代农业和农民收入增长都具有较强的促进作用。因此，地方政府对农产品加工产业日益重视。为了吸引更多的农产品加工企业到本地区投资创业，地方政府会在土地、税收等方面给予优惠政策，进而促进农产品加工企业空间集聚。因此，地方政府对农产品加工企业的干预是促进农产品加工企业空间集聚的重要外在因素。

地方政府干预对农产品加工企业空间集聚的影响还表现在地方保护主义上。在财政分权和地方政府竞争日趋激烈的情形下，地方政府为了促进本地区经济发展，实现本地区利益的最大化，会对农产品加工企业的布局进行干预。这种干预主要表现在阻碍相关产品和要素的跨区域流通上。比如，在农产品原材料供应上，地方政府为了维持本地区利益会阻碍其他地区的农产品流向本地市场；在资本和劳动力要素上，地方政府可能会阻碍其流向外地市场。由于地方政府的干预作用，农产品加工企业会被局限于本地区发展从而出现空间集聚。但是地方政府的干预又会导致不同地区农产品加工企业的重复建设，从而导致产能过剩和竞争更加激烈，会对农产品加工企业规模的不断壮大形成障碍。

农产品加工企业空间集聚形成后，原材料供应和市场需求都具有自我强化的功能，这将进一步提高农产品加工企业的空间集聚度，进而产生循环累积因果效应。此外，农产品加工企业空间集聚又会产生较强的空间外部效应，从而吸引更多的农产品加工企业，提高空间集聚度，产生循环累积因果效应。也就是说，农产品加工企业空间集聚具有自我强化的功能。

二、农产品加工企业空间集聚影响因素的计量分析

（一）计量模型建立

由于农产品加工企业空间集聚存在循环累积因果效应，不同时期农产品加工企业的空间集聚度存在跨期相关性。也就是说，前一时期的农产品加工企业空间集聚度是后一时期农产品加工企业空间集聚度的重要原因。对于普通的面板数据而言，并不能揭示这种跨期相关性。因此，在此需要借助于动态面板数据模型进行计量分析。

所谓动态面板数据模型，是指在静态面板数据模型中引入被解释变量的滞后项作为解释变量以此反映动态滞后效应的模型。[①] 滞后被解释变量的引入，不但能够反映被解释变量的跨期相关程度，而且还能在一定程度上克服解释变量遗漏所导致的参数估计不一致问题。为了分析农产品加工企业空间集聚度的影响因素及其循环累积因果效应，我们可以建立以农产品加工企业空间集聚度为被解释变量，其滞后项和相关影响因素为解释变量的动态面板数据模型。模型的具体形式如下：

$$K_{it} = \alpha + \beta_1 K_{it-1} + \beta_2 S_{it} + \beta_3 D_{it} + \beta_4 J_{it} + \beta_5 G_{it} + \varepsilon_{it} \qquad (4-1)$$

在式（4－1）中，K_{it} 和 K_{it-1} 分别表示第 i 个地区 t 和 $t-1$ 时期的农产品加工企业空间集聚度；S_{it}、D_{it}、J_{it}、G_{it} 分别表示第 i 个地区 t 时期农产品加工企业的原材料供应、市场需求规模、交通运输条件和地方政府干预。

---

① 王津港．动态面板数据模型估计及其内生结构突变检验理论与应用[D]．武汉：华中科技大学，2009.

（二）变量表示及数据说明

在式（4－1）中，被解释变量 K_{it} 可用第二章中的农产品加工企业空间密度指数予以表示。

解释变量 S_{it} 可用各个地区的农林牧渔总产值予以表示。

D_{it} 可用各个地区历年的社会零售品消费总额予以表示。这是因为，社会零售品消费总额取决于人口数量和人们收入水平，反映了该地区的市场需求量和市场需求价格。农林牧渔总产值、社会零售品消费总额的数据可以直接从历年的统计年鉴中获得。

交通运输条件 J_{it} 在本书中用公路密度来表示。具体计算方法是用各个地区历年的等级公路里程除以国土面积。计算该变量所需的数据可以从历年的统计年鉴中获得。

地方政府干预 G_{it} 可用财政支农支出予以表示。这是因为，地方政府对农产品加工企业的优惠政策还是地方保护，都是源于对农业生产经营的重视，而对农业生产经营的重视在一定程度上可以用财政支农支出予以表示。由于财政支农的统计口径存在变化，本书在计算中为了尽量保持前后一致，财政支农数据的计算依据如下：2000—2002 年的财政支农为支援农村生产支出、农业综合开发支出和农林水利气象等部门的事业费支出三者之和；2003—2006 年的财政支农为农业支出、林业支出和农林水利气象等部门的事业费支出三者之和；2007—2014 年的财政支农为农、林、水事务支出。这些数据均可以从历年的统计年鉴中获得。

（三）模型估计方法

在对动态面板数据模型（4－1）进行估计的过程中，可能面临的问题是：农产品加工企业空间集聚度的一阶滞后项与误差项存在相关性；农产品加工企业空间集聚度与农产品加工企业原材料供应和市场需求之间也可能存在双向因果关系，进而导致联立内生性问题。由于上述问题的存在，如果采用带有固定效应或随机效应的普通面板数据模型的最小二乘法进行分析，会造成估计系数的有偏性和非一致性。为了解决这一问题，Arellano 和 Bond（1991）提出了一阶差分广义矩方法（First - differenced Generalized Method of Moments），对动态面板数据模型进行分析。[①] Arellano 和 Bover（1995）、Blundell 和 Bond（1998）则在此基础上进一步提出了系统广义矩方法（System Generalized Method of Moments）。[②③] 以式（4－1）为例，对其进行一阶差分变换后得到下式：

$$\Delta K_{it} = \beta_1 \Delta K_{it-1} + \beta_2 \Delta S_{it} + \beta_3 \Delta D_{it} + \beta_4 \Delta J_{it} + \beta_5 \Delta G_{it} + \Delta \varepsilon_{it} \tag{4-2}$$

在式（4－2）中，$\Delta\varepsilon_{it}$ 依然与 ΔK_{it-1} 存在相关性，进而会导致最小二乘法的估计结果存在有偏性和非一致性。在不存在自相关的前提下，K_{it-2} 与 ΔK_{it-1} 相关，但与 $\Delta\varepsilon_{it}$ 不相关，因此可以将其作为工具变量进行估计。同理，更高阶的滞后变量也具有相同的性质，也可以作为有效的工具变量。那么使用所有的有效工具变量，进行广义矩法估计（GMM），就可以得到 Arellano - Bond 估计量，这种方法被称为差分 GMM（即对进行差分变换后的方程进行 GMM 估计）。

---

① Arellano M , Bond S. Some Test of Specification for Panel Data: Monte Carlo Evidence and an Application to Employment Equations[J]. Review of Economic Studies, 1991,58(2): 277 - 297.

② Arellano M , Bover O. Another Look at the Instrumental Variable Estimation of Error Component Model [J]. Journal of Econometrics, 1995,68(1): 29 - 51.

③ Blundell R, Bond S. Initial Conditions and Moment Restrictions in Dynamic Panel Data Model [J]. Journal of Econometrics,1998, 87(1): 115 - 143.

采用差分 GMM 进行估计可能存在的问题是：K_{it-2} 与 ΔK_{it-1} 相关性可能很弱，进而导致弱工具变量问题。为了解决这一问题，Arellano 和 Bover（1995）重新回到水平方程即式（4－1），采用 ΔK_{it-1} 以及更高阶的差分作为 K_{it-1} 工具变量，对水平方程式（4－1）进行 GMM 估计，这种方法被称为水平 GMM 方法。Blundell 和 Bond（1998）则将差分 GMM 和水平 GMM 估计方法结合在一起，将差分方程和水平方程作为一个方程系统进行 GMM 估计，该方法被称为系统 GMM 估计方法。

在采用上述方法对动态面板数据进行分析时，还必须满足两个条件：一是要求工具变量是有效的；二是要求随机扰动项不存在序列相关。这就需要对模型设定的合理性和工具变量的有效性进行检验。根据 Arellano 和 Bover（1995）、Blundell 和 Bond（1998）的研究，主要采用 Sargan 统计量来检验工具变量的有效性，如果 Sargan 的 P 值较大则可以认为工具变量是有效的；用差分方程的二阶序列相关检验 AR（2）统计量来判断随机扰动项是否存在序列相关，如果 AR（2）的 P 值大于常用的显著性水平，就表明不存在序列相关。

（四）计量分析结果及解释

为了避免伪回归，需要对式（4－1）中的各个变量进行平稳性检验。对面板数据进行平稳性检验的常用方法有：LLC、IM、ADF－Fisher 和 PP－Fisher 等。本书在 Eviews 6.0 软件中，分别采用上述四种方法，对式（4－1）中各个变量进行平稳性检验，具体检验结果如下：

表 4-1　各个变量的平稳性检验

变量	LLC 检验		IM 检验		ADF 检验		PP 检验	
	统计量	概率	统计量	概率	统计量	概率	统计量	概率
K	-4.11091	0.0002	-0.48286	0.3146	75.5822	0.1152	97.2841	0.0028
S	1.50713	0.9341	8.19877	1.0000	9.69516	1.0000	4.79610	1.0000
D	-4.51547	1.0000	11.4666	1.0000	4.74938	1.0000	2.08222	1.0000
J	-5.71540	0.9998	-0.22534	0.4169	64.4621	0.3917	67.0254	0.3089
G	-3.30001	0.8974	4.28833	1.0000	17.8194	1.0000	11.7600	1.0000
ΔK	-8.30178	0	-6.69787	0	161.326	0	227.701	0
ΔS	-17.0235	0	-13.6250	0	275.506	0	295.375	0
ΔD	-8.81456	0	-6.02827	0	134.466	0	141.470	0
ΔJ	-23.6678	0	-15.6171	0	297.103	0	295.557	0
ΔG	-14.3122	0	-11.3964	0	235.890	0	281.839	0

从表 4-1 中可以发现，除农产品加工企业空间集聚度外，其他各个变量的水平序列均存在单位根是非平稳序列。但农产品加工企业空间集聚度 IM 检验和 ADF 检验表明是非平稳序列。而经过一阶差分变换后，所有变量都成为平稳序列。因此，采用差分广义矩方法式(4-1)进行估计可以避免伪回归问题。基于此，本书在 Stata 11 软件中采用差分广义矩方法对动态面板式（4-1）进行估计，并与系统广义矩方法的估计结果进行对比分析。在估计过程中，将表示原材料供应的农林牧渔业总产值作为内生变量，其他选项的设定采用程序默认方式。具体估计结果见表 4-2：

表 4-2　农产品加工企业空间集聚影响因素的 GMM 估计结果

变量及检验项目	差分 GMM 估计		系统 GMM 估计	
	参数值	z 统计量	参数值	z 统计量
K_{it-1}	0.1247	4.09	0.0920	2.38
S_{it}	-0.2729	-0.39	-0.1633	-0.39
D_{it}	0.3724	6.55	0.3521	6.99

续表

变量及检验项目	差分 GMM 估计		系统 GMM 估计	
	参数值	z 统计量	参数值	z 统计量
J_{it}	-0.1667	-0.87	0.1673	0.89
G_{it}	0.1714	0.51	0.0096	0.05
常数项	-0.2270	-0.06	-1.3428	-0.61
Wald 检验统计量	72.36	90.28		
Wald 检验 P 值	0.00	0.00		
Sargan 检验统计量	21.6421	19.8863		
Sargan 检验 P 值	1.000	1.000		
AR（2）检验统计量	0.2156	0.3507		
AR（2）检验 P 值	0.8292	0.7258		

注：Wald 检验的原假设是各解释变量的系数均为0；Sargan 检验的原假设是工具变量是有效的；AR（2）检验的原假设是不存在二阶自相关。

从表4－2 的模型估计结果看，无论是差分 GMM 估计还是系统 GMM 估计，Wald 检验均表明，模型中各个变量的引入是有效的；Sargan 检验表明，模型估计采用的工具变量是有效的；AR（2）检验表明不存在二阶自相关，模型的设定比较合理。而进一步对比差分 GMM 估计和系统 GMM 估计结果可以发现，系统 GMM 对参数估计的值小于差分 GMM 估计。其原因可能是系统 GMM 在估计过程中，引入的工具变量更多，从而削弱了各个影响因素对农产品加工企业空间集聚度的影响。

从变量 K_{it-1} 的系数看，系数值为正，且统计检验结果非常显著。这说明，我国的农产品加工企业空间集聚度存在非常明显的循环累积因果效应，上一时期农产品加工企业空间集聚度是导致下一时期农产品加工企业形成空间集聚的重要因素。这可能是因为我国的农产品加工企业空间聚集总体而言处于集聚强化的过程中，还没有由于竞争加剧、负外部效应的产生而处于分散的状态。

从变量 S_{it} 的系数看，原材料供给对农产品加工企业空间集聚存在负面影响，但影响不显著。这一方面说明，原材料供应对农产品加工企业空间集聚度的影响已经变得不是非常重要。另一方面也说明，原材料供应非常充足的地区，由于整体经济发展水平滞后，其农产品加工企业的发展存在不足，还没有形成较高的空间集聚。因此，对于这些地区而言，加快农产品加工产业发展是促进农业现代化进程的迫切需要。

从变量 D_{it} 的系数看，市场需求对农产品加工企业空间集聚存在显著的促进作用。这说明，我国农产品加工企业空间集聚已经由传统的原材料供应地集聚向市场需求地聚集转变。而对于市场需求不足的原材料供应地区将形成负面影响，这也会导致原料供应地区的农产品加工企业空间集聚度降低。其政策含义是，促进人口城镇化发展可以提升农产品加工企业的空间集聚度。

从变量 J_{it} 的系数看，交通运输条件的改善对农产品加工企业空间集聚度的影响存在不确定性。对于系统 GMM 估计结果为正，而差分 GMM 估计结果为负。除了是由于模型本身的原因所导致外，也可能是因为交通运输条件改善后，农产品加工企业的产品和原料运输的便利性会增加且成本会降低。这在一定程度上会削弱原来产生的农产品加工企业空间集聚，但也有可能在交通运输枢纽地形成新的农产品加工企业空间集聚。

从变量 G_{it} 的系数看，地方政府的支持虽然对农产品加工企业空间集聚存在促进作用，但是这种作用还不显著。这可能是因为，政府的农林水事务支出，虽然可以表示政府对农业发展的重视程度，但是对于农产品加工企业而言，还缺乏专门的政策扶持，由此导致地方政府对农产品加工企业空间集聚的影响有限。其政策含义是，各个地区迫切需要制定专门的农产品加工产业发展的扶持政策。比如，在土地、税收、财政补贴、资金等方面给予农产品加工企业更多优惠和保障。

（五）农产品加工企业空间集聚影响因素的区域差异分析

为了比较不同区域农产品加工企业影响因素的差异，本章在上述研究的基础上，进一步将我国划分为东、中、西部三大地区。根据国家统计局的划分标准：东部地区含 11 个省级行政区域、中部地区含 8 个省级行政区域、西部地区含 12 个省级行政区域。同样基于式(4－1)及其相应的估计方法，分别对东、中、西部地区农产品加工企业空间集聚影响因素进行比较分析，而对式（4－1）的估计包括差分 GMM 估计和系统 GMM 估计。在此，我们主要选择差分 GMM 估计予以解释。这是因为，在差分 GMM 估计中，在工具变量已经有效的情况下，可以不必进一步用系统 GMM 方法估计，而且差分 GMM 估计还保证了数据的平稳性，在一定程度上避免了伪回归问题。具体估计结果见表 4－3。

表 4－3　东、中、西部地区差分 GMM 估计结果

变量及检验项目	东部		中部		西部	
	参数值	z 统计量	参数值	z 统计量	参数值	z 统计量
K_{it-1}	1.0865	4.03	1.0246	3.55	0.9854	4.51
S_{it}	－1.0261	－0.87	0.3067	1.07	0.0709	1.22
D_{it}	0.2999	0.42	0.2074	0.93	－0.0327	－0.58
J_{it}	－0.1663	－0.50	－2.1233	－1.58	0.0607	1.65
G_{it}	0.2376	1.76	－0.0033	－0.05	－0.0268	－2.25
常数项	3.9596	1.22	4.7216	1.67	－0.3037	－2.39
Wald 检验统计量	243.19		139.25		1089.07	

续表

变量及检验项目	东部		中部		西部	
	参数值	z 统计量	参数值	z 统计量	参数值	z 统计量
Wald 检验 P 值	0.00		0.00		0.00	
Sargan 检验统计量	5.63		1.13		8.7485	
Sargan 检验 P 值	1.000		1.000		1.000	
AR（2）检验统计量	0.018		-0.0812		0.0586	
AR（2）检验 P 值	0.9581		0.9352		0.9533	

注：Wald 检验的原假设是各解释变量的系数均为 0；Sargan 检验的原假设是工具变量是有效的；AR（2）检验的原假设是不存在二阶自相关。

从表 4-3 可以发现，Wald 统计量检验表明，拒绝原假设，因此东中西部地区模型中各个变量的引入是有效的；Sargan 检验表明，不拒绝原假设，因此东中西部地区模型估计采用的工具变量是有效的；AR（2）检验表明，不拒绝原假设，因此模型不存在二阶自相关，东中西部地区模型的设定比较合理。对比分析表 4-3 中各个变量的参数值及其 z 检验统计量可以发现：

第一，从变量 K_{it-1} 的系数看，数值为正，且非常显著。这说明，东中西部地区的农产品加工企业空间集聚度均存在显著的循环累积因果效应。其中，东部和中部地区农产品加工企业空间集聚的循环累积因果效应最为明显，而西部地区略微弱于东部和中部。这可能是因为：西部地区由于地域广阔和经济发展水平较低，农产品加工企业的空间集聚还正处于逐步形成过程中；而中东部地区的农产品加工产业空间集聚还在不断自我强化。

第二，从变量 S_{it} 的系数符号看，原材料供应对东部地区农产品加工企业空间集聚的影响为负，但是对中西部地区农产品加工企业空间集聚的影响为正。而且从显著性水平看，原材料供应对中西部地区农产品加工企业空间集聚的影响更加显著。这可能是因为：东部地区农产品加工企业空间集聚主要是基于市场需求所形成的，而交通运输条件比较优越，使得对原材料供应地的依赖程度有所降低；中西部地区农产品加工企业空间集聚除了市场需求外更多是基于原材料供应所形成的，并且中部地区原材料供应的影响明显较大。这也说明，中西部地区农业生产经营规模更大，所提供的原材料更多，更加需要大力发展农产品加工产业。

第三，从变量 D_{it} 的系数看，市场需求对中东部地区农产品加工企业空间集聚的影响为正，但对西部地区农产品加工企业空间集聚的影响为负。这说明，中东部地区农产品加工企业空间集聚的形成主要得益于市场需求的扩大，而西部地区由于土地面积较大和区域经济发展的不平衡，市场需求的扩大并不一定能够促进农产品加工企业空间集聚度的提高。

第四，从变量 J_{it} 的系数符号看，交通运输条件的改善对中东部地区的影响为负，但对西部地区的影响为正。这说明，交通运输条件改善后，中东部地区的农产品加工企业空间集聚度降低，而西部地区的农产品加工企业空间集聚度提升。这可能是因为西部地区与中东部地区农产品加工企业空间集聚所处的阶段不同所导致。对于中东部地区而言，农产品加工企业空间集聚达到一定程度后，交通运输条件的改善可能导致许多效率低、竞争力较差的企业向非集聚区扩散，进而降低空间集聚度；而对于西部地区而言，农产品加工企业还处于空间集聚的初步阶段，交通运输条件的改善将进一步引导企业在集聚区域形成更大规模的集聚。

第五，从变量 G_{it} 的系数看，地方政府扶持对东部地区农产品加工企业空间集聚的影响为正，但对中西部地区农产品加工企业空间集聚的影响为负。这可能是因为，东部地区经济较发达，对农业发展的扶持比较倾向于延长农产品产业链，发展农产品加工产业；而中西部地区经济欠发达，对农业发展的扶持更加侧重于稳定农业生产，而对农产品加工产业的关注较少。

三、农产品加工企业空间集聚影响因素的案例分析

（一）案例背景

四川省是我国西部著名的农业大省，耕地面积为10104.1万亩，占辖区面积的13.86%，位居全国第6位；四川也是全国五大林区之一，现有林地面积3.6亿亩，其中森林面积为2.69亿亩；四川还是全国五大牧区之一，全省有畜禽地方品种49个，2015年肉类总产量达706.8万吨，位居全国第3位。

2015年，全省农林牧渔业总产值为6377.8亿元，位居全国第4位；全省3854家规模以上农产品加工企业累计完成工业总产值10545.21亿元，比上年增长了7.43%，已经成为全省工业的重要支柱产业。其中，食品饮料行业完成工业总产值7073.09亿元，比上年增长了7.6%，位居全国第5位。从全国范围看，四川农产品加工产业的产业集聚具有典型性和代表性，尤其是在食品饮料加工行业。本书在以下研究中，将选取四川农产品加工产业为案例，对农产品加工企业空间集聚的影响因素进行分析和探讨。

（二）四川农产品加工企业空间集聚的影响因素

（1）原材料供应对四川农产品加工企业空间集聚的影响

原材料供应对四川农产品加工企业空间集聚的影响，可以用四川的茶产业予以证明。四川是我国种茶、制茶的重要地区，是我国主要产茶省份之一。[①] 2014 年，省政府发布了《关于加快川茶产业转型升级建设茶业强省的意见》（川府发［2014］1 号）。截至 2015 年，全省共有 125 个产茶县，其中茶叶种植面积在 1.33 万公顷及以上的产茶大县有 18 个。全省茶叶种植面积为 32.17 万公顷，茶叶产量为 25.97 万吨，位居全国第 3 位；茶叶综合产值为 500 亿元，位居全国第 4 位。销售百万元以上的茶叶加工企业达到了 1750 余家，其中销售收入 5000 万元以上的有 23 家，产值千万元以上的有 102 家，逾亿元的企业有 10 余家。省级重点龙头企业有 47 家，国家级龙头企业有 6 家。

四川茶叶加工企业主要在乐山、宜宾、雅安三个地区集聚。其中，乐山市拥有规模型茶叶生产加工企业 138 家，茶叶产业化品牌龙头企业 31 家，其中，国家级 2 家，省级 2 家，市级 27 家。竹叶青、峨眉雪芽、仙芝竹尖、森林雪、一枝春、五朵金花等规模以上企业在全省占据重要地位。竹叶青公司年销售额已达 8 亿元，位居全国茶叶企业销售额第 2 位，仅次于天福茶业集团。[②] 宜宾市有不同规模的各类茶叶加工企业 457 家，其中，有市级以上茶业龙头企业 19 家（国家级 1 家，省级 3 家），县级龙头企业 27 家，年加工能力达 3 万吨以上。[③] 雅安市目前有茶叶初制加工厂 3000 多家，茶叶精制加工厂 100 多家，品牌营销茶企业 65 家，茶多酚及茶提制物生产企业 2 家，速溶茶生产企

---

① 王云，李春华．四川茶产业发展现状及今后发展思考［J］．中国茶叶加工，2016(3)：33－38.

② 孙道伦，曾建威，代安兵，等．乐山茶产业发展现状及“十三五”发展对策［J］．中国茶叶，2016（1）：7－9.

③ 成洲，廖茜．制度变迁理论视野下的宜宾茶产业发展创新［J］．天津农业科学，2015（8）：59－63.

业1家，中国百强茶企业2家，省级龙头茶企业14家，茶叶销售上亿元茶企业9家。①

四川茶叶加工企业之所以在乐山、宜宾、雅安三个地区聚集，主要是受原材料供应的影响。这三个地区地处四川盆地西南边缘山区，生态环境良好，森林覆盖率高，是茶叶种植的理想区域。从茶叶种植面积和茶叶产量看，这三个地区均处于全省前三位（见表4-4）。也正是丰富的原材料供应和良好的生长环境，促进了四川茶叶加工企业在这三个地区集聚。

表4-4　2015年四川茶叶生产统计表

地区	种植面积/万公顷	产量/吨
宜宾市	7.06	51229
乐山市	7.06	35567
雅安市	5.45	70666
眉山市	2.39	21455
广元市	2.30	7310
达州市	1.65	9487
泸州市	1.53	10486
绵阳市	1.34	3343
成都市	2.58	23000
巴中市	1.08	2730
自贡市	0.35	10737

（2）市场需求对四川农产品加工企业空间集聚的影响

从四川全省的农产品加工企业空间分布看，农产品加工企业主要集聚在成都市，而成都之所以形成集聚，很大程度上是受市场需求规模的影响。2015年，全省规模以上农产品加工企业有3925家，实现

① 邓健．试述雅安茶产业现状及发展趋势[J]．中国农业信息，2016(3)：130-131.

工业总产值1万余亿元；而成都规模以上农产品加工企业有886家，占全省的22.57%，实现工业总产值1970亿元，占全省的19.68%。从单个县级行政区域农产品加工企业数量看，全省平均为22家，而成都市达到了44家。与全省平均水平相比较，成都市农产品加工企业空间密度指数为2。

成都市不仅集聚的农产品加工企业数量大，而且在多个领域形成了优势和特色。根据《成都市农产品加工产业布局规划（2012—2020)》，全市建成了郫县（今郫都区）安德川菜调味品加工产业园、邛崃临邛食品饮料加工产业园、蒲江农产品加工产业园和新津工业园区农产品加工区。此外，新都泡菜食品加工产业园和崇州桤泉农产品加工基地已形成了一定的产业基础。全市形成了蔬菜、水果、生猪、畜禽、粮油、茶叶、白酒、林竹八大农产品加工产业集群，计划到2020年形成成都农产品加工产业“一心、六园、十基地”的新格局。

成都市农产品加工企业空间集聚具有数量多、密度大、多样化等特征，而这些特征的形成主要得益于成都巨大的市场消费量。根据《成都市统计年鉴2016》和《四川统计年鉴2016》的相关数据，可以发现，2015年成都市常住人口中城镇人口达到了829.08万，其中城区人口达到了698.14万，人口密度为1209人/平方千米，各项指标均居全省首位。庞大的城镇人口数量引发了对农产品加工产品的巨大需求。2015年，社会零售品消费总额达到了4946.2亿元，占全省的35.64%；城镇居民人均消费支出21825元，其中食品烟酒消费支出7437元，均高于全省平均水平。

（3）交通运输条件对四川农产品加工企业空间集聚的影响

全省农产品加工企业在成都市形成集聚，一方面是由于上述的市场需求；另一方面则源于成都市优越的区位交通条件。由于成都地处四川盆地中心地带，也是西部地区的重要交通枢纽。农产品加工企业在此集聚可以凭借优越的区位交通条件，获取源源不断的原材料供应，也可以据此向周边地区辐射，满足周边区域的市场需求。2015 年年末，成都市公路总里程达 22972 千米，其中高速公路为 751 千米；公路运输货物周转量为 231.2 亿吨千米，增长 11.2%；民航运输货物周转量为 11.7 亿吨千米，增长 3.5%。

在四川，除了交通运输条件对成都农产品加工企业空间集聚产生重要影响外，对达州也是如此。从区位交通条件看，达州是成渝、关中—天水、大武汉三大经济区的重要连接带，历来为秦巴地区物资集散地和商贸中心。达州是全国公路运输 179 个主枢纽城市和四川 12 个次级综合交通枢纽之一，是国家连南贯北、承东启西“十字”铁路公路交通网的节点城市。达州火车站是西南第四大火车站，达州机场直航北、上、广、深等 6 大城市，渠江航运经重庆可直达上海，立体交通体系已全面构建。全市市级以上农业产业化重点龙头企业达到 133 家（其中，国家级 2 家、省级 21 家），建成开江县、渠县、大竹县、通川区 4 个农产品加工集中区，入驻农产品加工企业 60 余家，年产值 100 亿元以上。达州市农产品加工集中区作为全川仅有的三个全国农产品加工产业示范基地，2010 年被农业部授予“第四批全国农产品加工产业示范基地”的称号。达州市农产品加工企业的空间集聚，一方面得益于良好的原材料供应，另一方面则得益于区位交通条件的优势。就达州本地市场需求而言，其对农产品加工品的市场需求规模并不大。2015 年，全市户籍人口有 682.8 万，但常住人口只有 556.76 万，而且在常住人口中城镇常住人口大约为 220 万，人口密度为 336

人/平方千米。也就是说，达州市人口外流比较严重，而本地市场消费非常有限，农产品加工企业的产品主要是凭借良好的区位交通优势销往周边的成都、重庆、西安等大城市。

（4）地方政府干预对四川农产品加工企业空间集聚的影响

在四川农产品加工企业中，泡菜加工产业具有重要地位，是全省的特色产业。泡菜产业属于四川省标志性的农产品生产加工业之一，主要在成都郫都区、新都区以及眉山市东坡区三大区域集聚。这三个地区的泡菜产业规模占到了全省的70%以上。其中，郫都区泡菜的产业化较成熟，眉山市东坡区泡菜的规模最大，而新都区泡菜的历史最早。眉山市作为四川泡菜的主产区和核心区，创建了3家国家级农业产业化龙头企业、5个中国驰名商标、5个国家级基地。2015年，眉山市泡菜企业达到了66家，加工泡菜原料153万吨，实现销售收入136亿元，解决农民就近务工2.51万人，带动农民务工增收8.6亿元。东坡泡菜也远销日本、韩国、美国等100多个国家和地区，成为农民致富增收、农业农村发展的支柱产业。眉山泡菜产业已拥有六个全国第一：它是全国第一个泡菜产业销售额超过百亿元的市，建成了全国规模最大、功能最全、工艺最先进的“中国泡菜城”，建成了全国第一个泡菜博物馆，建设了全国第一个国家级泡菜质量监督检验中心，建立了全国第一个泡菜产业技术研究院，创建了第一个中国泡菜行业标准。

眉山泡菜产业起步较晚，但发展规模最大，主要得益于地方政府的大力支持。2005年，眉山市委、市政府捕捉到了泡菜产业发展的商机，出台了《打造中国泡菜之乡的实施方案》。2009年，又出台了《强力推进泡菜产业发展的决定》等7个配套实施方案；2010年，相继出台了《强力推进泡菜产业发展的实施意见》，成立了东坡泡菜产业推进领导小组，市财政每年安排泡菜产业推进专项资金，并整合涉农项目打捆使用，对原料基地、龙头企业、品牌创建、市场开拓给予重点支持。2013 年，眉山还按照“产业集中、企业入园、集群发展”的要求，建设规划面积达 12.9 平方千米，其中核心区面积为 3.5 平方千米的中国泡菜城。2015 年，已建成的核心区规划面积为 3.5 平方千米，入驻泡菜食品及相关企业 27 家，园区规模以上企业达 36 家。正是地方政府的强力支持，促进了眉山泡菜产业发展壮大，也加快了泡菜加工企业的空间集聚步伐。

（5）四川农产品加工企业空间集聚的循环累积因果效应

从全省范围看，四川农产品加工企业空间集聚呈现出循环累积因果效应，由 2000 年的平均每个县级行政区域仅有 7 家企业，提升到 2015 年的平均每个县级行政区域有 22 家企业。尽管由于规模以上工业企业统计标准调整的原因出现了波动，但是总体而言，空间集聚度在不断提升。见图 4－1：

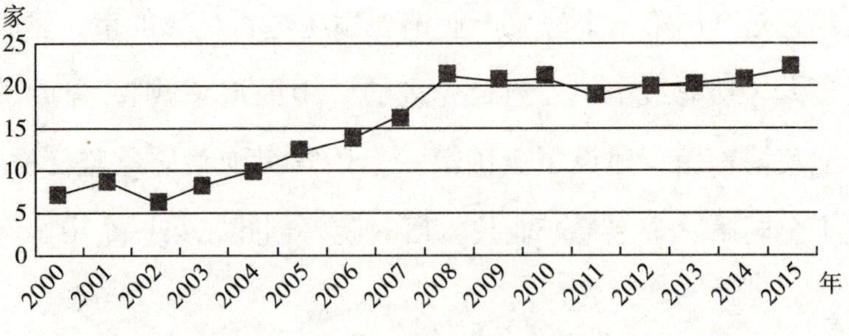

图 4－1　2000—2015 年四川县域平均农产品加工企业数量

四、本章小结

本章从原材料供应、市场需求、交通运输条件、地方政府干预、循环累积因果等方面对农产品加工企业空间集聚的影响因素进行了理论解释和计量分析。以四川省为例，分析了各个方面对全省农产品加工企业空间集聚的影响。通过上述研究，我们发现：

就理论层面而言，农业发展是农产品加工产业空间集聚的原料供应基础，人口城镇化和非农产业发展是促进农产品加工品市场需求不断扩大，进而导致农产品加工企业空间集聚的条件。交通运输条件的改善对农产品加工企业空间集聚的影响具有不确定性，地方政府支持是农产品加工产业空间集聚的重要原因。

从动态面板数据模型的计量分析结果看，我国的农产品加工企业空间集聚度存在非常明显的循环累积因果效应。原材料供应对农产品加工企业空间集聚度的影响已经变得不再非常重要，市场需求对农产品加工企业空间集聚存在显著的促进作用。交通运输条件的改善对农产品加工企业空间集聚的影响存在不确定性。地方政府的支持虽然对农产品加工企业空间集聚存在促进作用，但是这种作用还不显著。

从农产品加工企业空间集聚影响因素的区域差异看，东部和中部地区农产品加工企业空间集聚的循环累积因果效应最为明显，而西部地区略微弱于东部和中部。原材料供应对东部地区农产品加工企业空间集聚的影响为负，但是对中西部地区农产品加工企业空间集聚的影响为正。市场需求对中东部地区农产品加工企业空间集聚的影响为正，但对西部地区农产品加工企业空间集聚的影响为负。交通运输条件的改善对中东部地区的影响为负，但对西部地区的影响为正。地方政府扶持对东部地区农产品加工企业空间集聚的影响为正，但对中西部地区农产品加工企业空间集聚的影响为负。由此说明，东部地区的农产品加工企业空间集聚主要得益于市场需求规模的壮大、地方政府的支持，而中西部地区农产品加工企业空间集聚主要得益于原材料供应。由于中东部地区农产品加工企业空间集聚度高于西部地区，因此交通运输条件的改善将会导致中东部地区农产品加工企业空间集聚度降低，也将会加快西部地区农产品加工企业空间集聚。另外，中西部地区由于地方财力有限，对农产品加工企业的扶持也弱于东部地区。

从四川农产品加工企业空间集聚的影响因素看，原材料供应是导致茶产业空间集聚的重要因素；市场需求规模是导致成都市农产品加工企业产业空间集聚的重要因素；交通运输条件是导致成都以及达州农产品加工产业空间集聚的重要因素；地方政府的扶持是眉山东坡区泡菜产业空间集聚的重要因素。整个四川省农产品加工企业空间集聚呈现出明显的循环累积因果效应。

第五章　农产品加工企业空间集聚的产业成长效应

农产品加工企业是农产品加工产业的微观组织。农产品加工企业空间集聚首先会直接对农产品加工产业的产业成长产生影响。本章将从产业规模、产业效率、产业竞争力三个方面对产业成长的影响进行理论和实证分析。

一、对农产品加工产业成长的影响路径分析

（一）对产业规模的影响

农产品加工企业是农产品加工产业的微观构成部分。农产品加工企业向某个特定空间集聚，将从以下几个方面对农产品加工产业的规模产生影响：首先，随着大量农产品加工企业向某个地域空间集聚，该地区农产品加工产业的规模会随着新加入企业而不断壮大，但是这种规模的拓展是以其他地区规模的缩小为条件的。其次，在农产品加工企业的集聚区内，充足的原材料和劳动力供应为产业规模的扩大提供了支撑。这会吸引新的企业投资农产品加工行业或原有企业投资新的项目扩大企业规模，进而促进整个产业规模的扩大。再次，农产品

加工企业集聚区内，不同企业之间的产业分工会得到不断深化，从而衍生出许多新的配套企业，延长整个农产品加工产业链，进而促进产业规模扩大。

（二）对产业效率的影响

在农产品加工企业空间集聚过程中，外部经济的存在，为企业效率的提升创造了有利条件。第一，在农产品加工企业集聚区内，企业的原材料和劳动力供应会得到有效保障。而且，供应地的邻近和供应量的充足，在一定程度上会降低企业的生产成本，进而提升企业生产效率。第二，在农产品加工企业集聚区内，企业生产经营过程中的各种公用设施、设备会共享，进而也会降低企业生产成本，提升企业生产效率。第三，在农产品加工企业集聚区内，企业之间的交易、企业与原材料和劳动力供应部门的交易，会在长期博弈过程中，形成比较稳定的交易关系。这在一定程度上，降低了企业的信息搜寻、谈判等交易费用，并增加了相互信任，减少了监督成本，进而提升了企业交易效率。第四，根据马歇尔的产业区理论，农产品加工企业空间集聚，为农产品加工技术的创新和迅速扩散提供了有利条件，进而提升了企业技术水平，对生产效率的提升产生了积极影响。第五，对于专业化集聚而言，企业专业化生产水平的提升，将有利于促进分工深化，从而提升生产效率。多样化集聚区有利于资源在不同企业间的优化配置，因而大大提高了资源配置效率。

（三）对产业竞争力的影响

迈克尔·波特（1990）提出了著名的竞争优势理论，他认为一个国家的产业竞争力主要取决于以下四个方面：生产要素，国内市场需求，相关与支持性产业，企业战略、企业结构和同业竞争。[①] 农产品加工产业的发展不但表现为产业规模的壮大、产业效率的提升，而且更加体现在产业竞争力的提升上。农产品加工产业的发展需要持续的竞争力，而农产品加工企业空间集聚会从多个方面对产业竞争力产生重要影响。首先，农产品加工企业空间集聚为农产品加工产业的发展提供了充足的、素质较高的劳动力要素。其次，农产品加工企业空间集聚会由于累积循环因果效应产生对农产品加工品本身的市场需求，从而扩大市场需求规模。农产品加工企业空间集聚还会带动原材料供应产业的发展，从而为农产品加工产业竞争力提升提供支持性产业。再次，农产品加工企业空间集聚，还会产生区域品牌效应，提升农产品加工产业的品牌价值。农产品加工企业空间集聚也会得到地方政府的大力支持，从而为农产品加工产业竞争力的提升创造良好的外部条件。在农产品加工企业集聚区内，地理上的邻近性和产品的同质性，会加剧内部竞争强度。内部竞争强度的提升，有利于促进企业不断改善经营管理，进而提升竞争力。

综上所述，农产品加工企业空间集聚将通过影响农产品加工产业的产业规模、产业效率和产业竞争力，进而对农产品加工产业成长产生影响。这种影响是否真的存在，影响力有多大，还需要我们进一步进行实证分析。

---

① 迈克尔·波特. 国家竞争优势[M]. 李明轩,邱如美,译. 北京:华夏出版社,2002:65.

二、对产业规模变动的影响实证

（一）农产品加工产业产业规模变动的区域特征分析

农产品加工产业产业规模主要体现在其产业产值的规模上。为了反映农产品加工产业规模的变动，本书选取了我国31个省份2000—2014年间11个农产品加工行业的规模以上工业企业总产值予以表示。限于篇幅，本章主要展示各个代表年份的数据（见表5－1），详细数据可以参见附录。

表5－1　2000—2014年各地区农产品加工产业总产值

单位：亿元

地区	2000年	2005年	2010年	2011年	2012年	2013年	2014年
北京	374.08	713.76	1141.55	1247.83	1320.56	1368.41	1352.78
天津	411.21	621.41	1370.77	1978.77	2701.51	3042.74	3296.03
河北	843.00	1938.64	4763.17	6153.56	7031.40	7983.93	8610.30
山西	95.92	187.80	469.82	637.67	679.79	779.06	765.62
内蒙古	189.35	724.73	2599.60	3020.74	3112.97	3581.84	3547.51
辽宁	511.30	1235.63	5690.18	6766.67	8844.78	9604.85	8663.32
吉林	230.62	589.71	2955.71	3987.37	4947.83	5523.21	5876.45
黑龙江	317.79	713.39	2262.36	2926.60	3621.96	4567.52	4588.46
上海	1043.72	1966.48	3238.14	3430.86	3592.29	3675.25	3683.39
江苏	2794.26	6596.75	15373.24	16594.88	18958.18	21217.27	20749.92
浙江	2266.45	6711.32	12799.35	13058.91	13923.89	14982.89	15586.61
安徽	446.13	866.72	3629.98	5224.79	6198.23	7222.38	8325.73
福建	807.59	2559.88	7504.02	9454.19	10630.81	12222.33	13790.75
江西	218.29	583.95	2709.60	3308.88	4315.66	5291.84	6602.79
山东	2498.64	8764.68	22014.95	25099.83	29175.78	32555.78	34608.17
河南	978.46	2432.63	8953.83	11910.22	12864.04	15130.80	17265.30
湖北	871.16	1152.83	4760.11	6832.13	8981.63	10846.14	12465.96

续表

地区	2000 年	2005 年	2010 年	2011 年	2012 年	2013 年	2014 年
湖南	415.62	1160.42	4538.86	6117.78	6582.30	7453.95	8182.46
广东	2887.36	6025.55	14518.78	16125.21	16135.01	18843.51	20336.76
广西	295.02	647.56	2376.81	3235.93	4023.36	4670.66	5173.49
海南	72.41	143.12	270.24	257.76	300.63	300.63	351.23
重庆	122.00	293.86	1182.14	1448.61	1671.40	1921.63	2326.34
四川	545.99	1495.28	5790.70	7704.08	7648.75	8776.56	9433.49
贵州	151.66	249.16	650.86	950.59	1121.74	1500.37	1813.62
云南	508.33	814.23	1592.24	1863.53	2332.45	2591.46	2849.49
西藏	3.14	5.20	16.52	20.27	19.75	22.06	31.69
陕西	213.10	393.93	1230.38	1563.25	1959.89	2353.34	2753.39
甘肃	85.98	171.65	448.35	521.47	721.59	848.66	952.39
青海	10.23	28.73	110.26	92.46	129.16	171.87	228.68
宁夏	31.41	106.12	270.26	311.21	375.94	460.55	579.73
新疆	145.82	231.53	607.59	657.77	754.66	908.50	1065.62
东部	14510.03	37277.21	88684.40	100168.48	112614.83	125797.58	131029.25
中部	3573.99	7687.45	30280.27	40945.44	48191.43	56814.90	64072.78
西部	2302.03	5161.97	16875.72	21389.92	23871.67	27807.50	30755.46

从表 5－1 中可以发现，2000 年以来，全国不同省份的农产品加工产业规模均呈现出不同程度的增长趋势。从全国范围来看，农产品加工产业规模最大的前 5 位分别是山东、江苏、广东、河南、浙江，2014 年农产品加工产业产值分别达到了 34608.17 亿元 、20749.92 亿元、20336.76 亿元、17265.30 亿元、15586.61 亿元。这些地区只有河南属于中部省份，其他地区都属于东部省份。西部地区农产品加工产业规模最大的地区是四川省。从东、中、西部对比看，虽然三个区域 2000—2014 年的农产品加工产业产值均呈现出增长趋势，但是东部地区的规模总量和规模增长速度均大于中部和西部地区，而中部地区又大于西部地区（见图 5－1）。

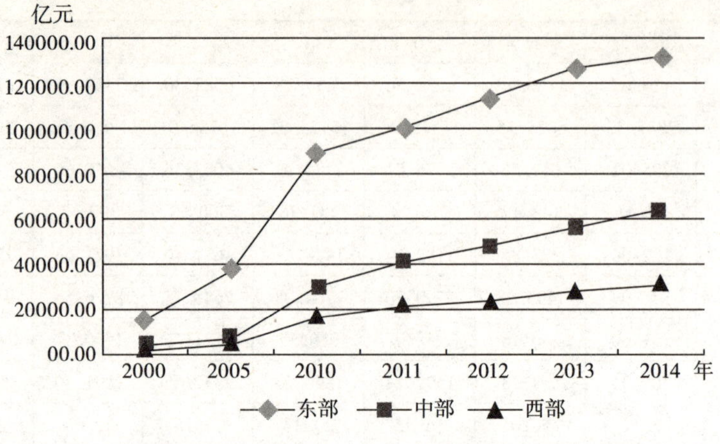

图 5-1　2000—2014 年东部、中部、西部农产品加工产业总产值

（二）计量模型的建立及变量选择

现有研究表明，农产品加工企业空间集聚对产业规模变动的影响具有非线性特征。在空间集聚形成初期，可能会对产业规模壮大产生积极效应，但是空间集聚到一定程度后可能由于拥挤效应的存在而对产业规模壮大产生负面影响。关于产业集聚对产业发展的非线性关系，Hoove（1948）提出了聚集体最适度规模理论。他认为，产业集聚在达到最适度规模以前，产业集聚所产生的外部经济会随着集聚度提升而增强，进而促进产业发展，而达到最适度规模后这种作用会减弱。[①] Brakman 等（1996）则首次提出了产业集聚的“拥挤效应”。他们认为，在产业集聚初期，集聚会有利于集聚效应的发挥，但是集聚达到一定程度后，会产生拥挤效应，会导致要素生产上升、环境污染

① 胡佛. 区域经济学导论[M]. 北京：商务印书馆，1990：93-100.

加剧等，进而会对产业发展产生不利影响。[①]

由于农产品加工企业空间集聚对农产品加工产业的影响并不是简单的线性关系，不同空间集聚度对产业发展的影响可能存在差异，而这种差异可以被称为“门槛效应”，可以通过门限回归予以反映。因此，为了揭示农产品加工企业空间集聚对农产品加工产业规模变动影响的非线性特征及“门槛效应”，本书采用面板门槛模型进行计量分析。以单一门槛为例，农产品加工企业空间集聚对农产品加工产业产业规模变动影响的面板门槛模型如下：

$$S_{it} = \alpha_0 + \beta_1 K_{it} \times I(q_{it} \leqslant \gamma) + \beta_2 K_{it} \times I(q_{it} > \gamma) + \beta_3 F_{it} + \beta_4 L_{it} + \varepsilon_{it} \tag{5-1}$$

在式（5－1）中，S_{it} 为第 i 个地区 t 时期的农产品加工产业产业规模；K_{it} 为第 i 个地区 t 时期的农产品加工企业空间集聚度；F_{it} 和 L_{it} 为控制变量，分别表示第 i 个地区 t 时期的农产品加工企业资产和农产品加工产业从业人员，这是因为资本和劳动力投入是产业规模扩大的基本要素；q_{it} 为门槛变量；γ 为未知的门槛变量值；$I(\cdot)$ 为指示性函数，当括号中的不等式成立时 $I(\cdot)$ 的取值为1，反之取值为0。在式（5－1）中，β_1 可以表示门槛变量 q_{it} 小于等于某个值 γ 时，农产品加工企业空间集聚对其产业规模变动的影响；而 β_2 则可以表示门槛变量 q_{it} 大于某个值 γ 时，农产品加工企业空间集聚对其产业规模变动的影响。在具体的实证分析中，门槛变量值可能存在多个，由此演变成多重门槛的面板模型，其模型构成与式（5－1）类似，只是增加了估计参数。

---

① Brakman S, Garretsen J H, Gigengack R, et al. Negative Feedbacks and Industrial Location [J]. Journal of Regional Science, 1996(4): 631－651.

（三）变量表示及数据说明

在式（5－1）中，农产品加工产业规模 S_{it} 用农产品加工产业总产值来表示，具体数据来源于本章前文；农产品加工企业空间集聚度 K_{it}，用第二章中的农产品加工企业空间密度指数表示；控制变量 F_{it} 用农产品加工产业固定资产净值表示；L_{it} 用农产品加工产业年均从业人员来表示，相关数据来源于历年《中国工业经济统计年鉴》和各地区历年统计年鉴。本书以2000年的农产品加工产业产值、农产品加工产业固定资产净值、农产品加工产业从业人员为基础，计算出2001—2014年各个变量的指数，并以指数的数据进行回归分析。

（四）计量分析方法

Tong 和 Lim（1980）最早提出了基于时间序列数据的门限自回归模型（Threshold Auto－regression）①，并在后期的研究中加以扩展和完善（Tong，1983；Tong& Yeung，1991）②③。Hansen（1999）则将基于时间序列数据的门限回归模型推广到包含个体固定效应的静态平衡面板数据。④ 根据 Hansen 的阐述，对面板门槛模型进行分析应主要从以下几个方面进行：一是应用“自体抽样法”模拟似然比检验，构造 F 统计量，对是否存在门槛效应进行检验；二是对单个门槛或多个门槛

① Tong H，Lim K S. Threshold Autoregression，Limit Cycles and Cyclical Data[J]. Journal of the Royal Statistical Society，1980，42（3）：245－292.

② Tong H. Threshold Models in Non－linear Time Series Analysis[M]. New York：Springer－Verlag，1983：21.

③ Tong H，Yeung I. Threshold Autoregressive Modelling in Continuous Time[J]. Statistica Sinica，1991（2）：411－430.

④ Hansen B E. Threshold Effects in Non－dynamic Panels：Estimation，Testing，and Inference[J]. Journal of Econometrics，1999，93（2）：345－368.

的检验，仍然采用近似的似然比检验方法；三是如果存在门槛效应，可以对门槛值进行检验，构建其置信区间；四是对模型进行组内平均消除个体固定效应后，应用最小二乘法可以估计出模型参数。

（五）计量分析结果及解释

根据前面的分析，在式（5－1）中，本书选取农产品加工企业空间集聚度 K_{it} 为门槛变量，首先检验其是否存在门槛效应及其存在几个门槛值。具体检验结果如下：

表 5－2 门槛效应检验结果

模型	F 值	P 值	Bootstrap 次数	临界值		
				1%	5%	10%
单一门槛	14.8123***	0.000	1000	6.1520	3.3327	2.5526
双重门槛	1.5090	0.1325	1000	－4.2530	－2.2934	1.7387

注：***、**、*分别表示在1%、5%和10%的显著性水平。

从表5－2可以发现，单一门槛通过了1%的显著性水平检验，而双重门槛没有通过检验。由此说明，模型仅存在一个门槛值，可以选择单一门槛模型进行计量分析。进一步对这个门槛值进行估计可以得到该门槛值为1.7166，而其95%的置信区间为［1.4356，2.0779］。置信区间的范围较小，说明该门槛值是有效和显著的。

门槛值确定以后便可以根据门槛值对式（5－1）进行参数估计。为了说明线性面板数据模型与面板门槛数据模型估计结果的差异，本书将两种估计结果进行比较。本书在 STATA 14.0 软件中，采用王群勇（2015）的 xthreg 命令，对门槛模型进行估计。① 具体结果见表5－3。

① Wang Qunyong. Fixed－effect Panel Threshold Model Using Stata［J］. The Stata Journal，2015（1）：121－134.

表 5-3 线性面板数据模型与单门槛面板模型估计结果比较

变量	线性面板数据模型		单门槛面板数据模型	
	系数	t 统计量	系数	t 统计量
F	2.1804	34.1143	2.1393	33.5239
L	1.0742	6.2528	1.1689	6.8404
K	-0.3277	-1.6982	—	—
$K \times I(K \leqslant 1.7166)$	—	—	1.2956	2.8008
$K \times I(K > 1.7166)$	—	—	-0.1457	-0.7441

从表 5-3 可以发现，从线性面板数据模型的估计结果看，农产品加工企业空间集聚总体上已经对农产品加工产业规模的扩大产生了副作用，说明已经存在拥挤效应。从门槛面板数据模型的估计结果看，当空间集聚度小于 1.7166 时，农产品加工企业空间集聚可以显著促进农产品加工产业规模扩大；但是企业空间集聚度大于 1.7166 时，农产品加工企业空间集聚会对农产品加工产业规模扩张产生负面影响，虽然不显著。由此说明，从促进农产品加工企业空间集聚看，并不是所有地区都需要进一步提高集聚度。空间集聚度大于 1.7166 的地区可以适当疏散农产品加工企业，而空间集聚度小于 1.7166 的地区还可以进一步促进农产品加工企业空间集聚。以 2014 年为例，两种类型地区包括的省份，可见表 5-4。

表 5-4 2014 年各省份农产品加工企业空间集聚度分类

类型	高集聚度地区（大于 1.7166）	中集聚度地区（大于 1，小于 1.7166）	低集聚度地区（小于 1）
省份名称	浙江、江苏、上海、广东、山东、福建	安徽、天津、湖北、北京、河南	辽宁、吉林、重庆、湖南、江西、河北、四川、广西、宁夏、黑龙江、陕西、内蒙古、贵州、云南、新疆、甘肃、海南、山西、青海、西藏

从表 5-4 可以发现，当前我国农产品加工企业空间集聚度较高的

省份主要集中在东部地区，特别是浙江、江苏、上海等发达地区。这可能是因为，这些地区农产品加工产业的基础较好，市场容量也非常大。因此，对于这些地区而言，可以加快产业转移步伐，将承担的农产品加工任务逐步转移到中西部地区。中部地区只有湖北、河南的农产品加工企业空间集聚度达到了1以上，而西部地区农产品加工企业的空间集聚度全部低于1。由此说明，中西部地区除个别省份外，农产品加工产业发展缓慢，空间集聚程度不高，需要进一步加强。从全国层面看，要进一步协调好东部、中部和西部的产业分工关系，促进农产品加工企业在全国合理布局。

三、对产业效率变动的影响实证

（一）农产品加工产业效率变动的区域特征分析

（1）效率的内涵

本书中的效率是指企业的生产经营效率，具体表现为企业生产经营过程中投入与产出的比例。如果在既定投入下产出越大，或既定产出下投入越小，则说明效率越高。对生产经营效率的测度通常用生产率指标，具体包括单要素生产率和全要素生产率。全要素生产率由于可以测度多种投入、多种产出的效率变化，在研究中得到广泛应用。因此，本书中对农产品加工产业效率的评价主要是通过测度全要素生产率来实现。

（2）效率评价方法

现有文献对全要素生产率的评价方法主要包括以随机前沿生产函数（SFA）为基础的参数法和以数据包络分析（DEA）为基础的非参

数法。相对于 SFA 而言，DEA 无须设定生产函数的形式，也无须估计生产函数的参数，因此本书选用数据包络分析法对农产品加工产业全要素生产率进行测度。

数据包络分析方法（DEA）是由运筹学家 Charnes、Cooper 和 Rhodes 于 1978 年首先提出的评价相对效率的非参数方法。① 该方法把参与评价的单位称为决策单元（DMU），假定各个决策单元具有相同类型的投入项和产出项，进而借助于线性规划方法确定相对有效的生产前沿面，将各个决策单位投影到生产前沿面上，通过比较决策单元偏离前沿面的程度来评价它们的相对有效性。Charnes、Cooper 和 Rhodes 提出的 DEA 分析方法被称为 CCR 模型，它是其他 DEA 分析模型的基础。该模型假定有 n 个决策单元，每个决策单元有 m 种类型输入和 s 种类型输出。将决策单元 j 记为 $DMU_j(1 \leqslant j \leqslant n)$ 并进一步假定：

x_{ij} 为 DMU_j 第 i 种投入的投入量，$x_{ij} > 0 \quad (i = 1,2,\cdots,m)$

y_{rj} 为 DMU_j 第 r 种产出的产出量，$y_{rj} > 0 \quad (r = 1,2,\cdots,s)$

v_i 为第 i 种投入的权重，u_r 为第 r 种产出的权重。

则决策单元 DMU_0 的效率评价指数为：

$$h_0(u,v) = \frac{\sum_r u_r y_{r0}}{\sum_i v_i x_{i0}} \tag{5-2}$$

由于 x_{i0} 、y_{r0} 为已知数据，而 v_i 、u_r 为未知数据，则需要找到 v_i 、u_r 的值使 DMU_0 的效率值达到最大，其数学规划形式为

$$\max h_0 = \frac{\sum_r u_r y_{r0}}{\sum_i v_i x_{i0}}$$

① Charnes A, Cooper WW, Rhodes E. Measuring the Efficiency of Decision Making Units [J]. European Journal of Operational Research, 1978(2):429 - 444.

$$st \quad \frac{\sum_r u_r y_{rj}}{\sum_i v_i x_{ij}} \leqslant 1 \tag{5-3}$$

$$u_r, v_i \geqslant 0$$

显然，式（5－3）为分式规划，可以进一步设定 $\sum_i v_i x_{i0} = 1$，则式(5－3)可以转化为一个等价的线性规划形式：

$$\max \sum_r u_r y_{r0}$$

$$st \quad \sum_r u_r y_{rj} - \sum_i v_i x_{ij} \leqslant 0 \tag{5-4}$$

$$\sum_i v_i x_{i0} = 1 \quad (u_r, v_i \geqslant 0)$$

式（5－4）的对偶线性规划为

$$\min\theta$$

$$st \quad \sum_{j=1}^{n} x_{ij}\lambda_j \leqslant \theta x_{i0} \quad (i = 1,2,\cdots,m)$$

$$\sum_{j=1}^{n} y_{rj}\lambda_j \geqslant y_{r0} \quad (r = 1,2,\cdots,s) \tag{5-5}$$

$$\lambda_j \geqslant 0 \quad (j = 1,2,\cdots,n)$$

式（5－5）就是一个基于产出导向的 CCR 模型，其中 λ_j 是一个常数向量。

但是 CCR 模型是基于径向角度（即投入等比例缩减或产出等比例扩大）对各个决策单元的相对技术效率进行评价，没有考虑到投入或产出变量的松弛性问题，其计算结果存在偏差或不准确（Tone，2001）。[①] 为了解决上述问题，Tone 提出了松弛变量测度（slaks－based－measure）的数据包络分析模型，即 SBM－DEA 模型。松弛变

① Tone K. A Slacks－based Measure of Efficiency in Data Envelopment Analysis.［J］. European Journal of Operational Research，2001(130)：498－509.

量直接反映了决策单元投入的过度程度或产出的不足程度。松弛变量的测度思想可以用图 5－2 表示：

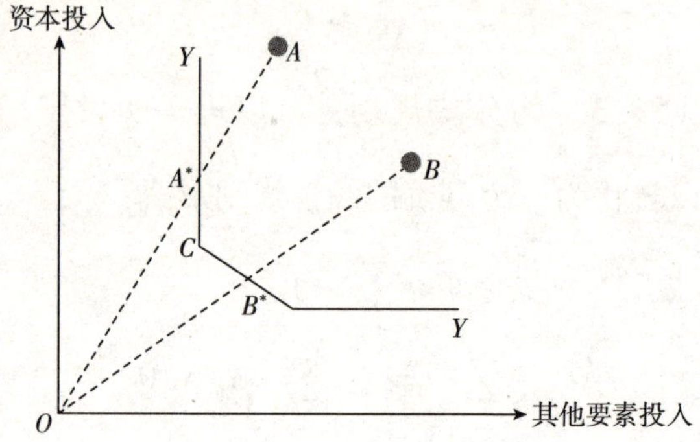

图 5－2　规模报酬不变投入导向的 DEA 分析示意图

图 5－2 给出了一个规模报酬不变投入导向的 DEA 分析模型，在图中，我们把农产品加工生产过程中的投入要素简化为资本和其他要素，其中 *Y Y′* 折线代表生产前沿面。根据技术效率的定义，决策单元 *A*、*B* 的技术效率可以表示为：$TE_A = OA^* / OA$；$TE_B = OB^* / OB$。对比 A^* 点和 *C* 点可以发现，A^* 在产出不变的情况下还可以耕地投入量减少 CA^*，即 A^* 耕地的松弛投入量为 CA^*。因此，对于存在效率损失的决策单元 *A* 而言，其有效的参考点应该是决策单元 *C* 而不再是决策单元 A^*。而根据 CCR 模型的测度思想，决策单元 *A* 的有效参考点就是 A^*，而 SBM 模型认为决策单元 *A* 的有效参考点为 *C*。显然，根据 CCR 模型测算出来的效率存在不准确性，要高于 SBM 模型测算出来的实际效率。Tone 提出的基于规模报酬不变投入导向的 SBM－DEA 模型的线性规划形式为

$$\rho_I^* = \min_{\lambda, s^-} 1 - \frac{1}{m} \sum_{i=1}^{m} \frac{S_i^-}{x_{io}}$$

$$st \quad x_{i0} = \sum_{j=1}^{n} x_{ij}\lambda_j + S_i^- \quad (i = 1,2,\cdots,m) \qquad (5-6)$$

$$y_{r0} = \sum_{j=1}^{n} y_{rj}\lambda_j - S_r^+ \quad (r = 1,2,\cdots,S)$$

$$\lambda_j \geqslant 0, S_i^- \geqslant 0, S_r^+ \geqslant 0$$

在式（5－6）中，ρ_I^* 为投入角度的农产品加工产业技术效率值，S_i^- 为第 i 种投入的松弛量（过度投入量），而 S_r^+ 为第 r 种产出的松弛量（过度产出量）。$S_i^- = 0$ 时，$\rho_I^* = 1$，决策单元为有效；否则，$S_i^- > 0$，$\rho_I^* < 1$，决策单元存在效率损失。

但是，在利用 SBM－DEA 模型对决策单元的效率进行评价的过程中，可能存在两个或两个以上有效的决策单元。如果根据 SBM－DEA 模型的计算结果，这两个或两个以上的有效决策单元其效率值均为 1。因此，在这些有效决策单元中还需要进一步分析哪个决策单元更加有效，对有效的决策单元进一步排序。进一步分析的结果是，在有效决策单元中某些决策单元的效率值就有可能大于 1。为了解决上述问题，Tone（2002）提出了超效率（super－effciensy）的 SBM－DEA 分析方法。① 其中，规模报酬不变投入导向的超效率 SBM－DEA 模型为

$$\delta_I^* = \min \frac{1}{m} \sum_{i=1}^{m} \frac{\bar{x}_i}{x_{i0}}$$

$$st \quad \bar{x}_i \geqslant \sum_{j=1,j\neq 0}^{n} x_{ij}\lambda_j \quad (i = 1,2,\cdots,m) \qquad (5-7)$$

$$\bar{y}_r \leqslant \sum_{j=1,j\neq 0}^{n} y_{rj} \quad (r = 1,2,\cdots,S)$$

$$\bar{x} \geqslant x_0, \bar{y} \leqslant y_0, \bar{y} \geqslant 0, \lambda \geqslant 0$$

① Tone K. A Slacks－based Measure of Super－efficiency in Data Envelopment Analysis [J]. European Journal of Operational Research, 2002(143): 32－41.

在式（5－7）中，$\bar{x}_i$、$\bar{y}_r$ 分别表示的是除决策单元 DMU_0 外其他决策单元的第 i 种投入的平均投入量和第 r 种产出的平均产出量。在式（5－7）的基础上如果进一步假定 $\bar{x}_i = x_{i0}(1+\varphi_i), \varphi_i \geqslant 0$，则式(5－7)可以改写为

$$\delta_I^* = \min 1 + \frac{1}{m}\sum_{i=1}^{m}\varphi_i$$

$$st \quad \sum_{j=1,j\neq 0}^{n} x_{ij}\lambda_j - x_{i0}\varphi_i \leqslant x_{i0} \quad (i=1,2,\cdots,m) \qquad (5-8)$$

$$\sum_{j=1,j\neq 0}^{n} y_{rj}\lambda_j \geqslant y_{r0} \quad (r=1,2,\cdots,S)$$

$$\varphi_i \geqslant 0, \lambda_j \geqslant 0$$

在式（5－8）中，其计算的效率值应该是大于或等于 1。由于 $\bar{x}_i = x_{i0}(1+\varphi_i) = x_{i0} + x_{i0}\varphi_i$，说明与决策单元 DMU_0 相比，其他决策单元的第 i 种投入的平均冗余为 $\bar{S}_i^- = x_{i0}\varphi_i$，带入式（5－8），可以将式（5－8）进一步改写为

$$\delta_I^* = \min 1 + \frac{1}{m}\sum_{i=1}^{m}\frac{\bar{S}_i^-}{x_{i0}}$$

$$st \quad \sum_{j=1,j\neq 0}^{n} x_{ij}\lambda_j - \bar{S}_i^- \leqslant x_{i0} \quad (i=1,2,\cdots,m) \qquad (5-9)$$

$$\sum_{j=1,j\neq 0}^{n} y_{rj}\lambda_j \geqslant y_{r0} \quad (r=1,2,\cdots,S)$$

$$\bar{S}_i^- \geqslant 0, \lambda_j \geqslant 0$$

因此，根据式（5－9）可以测算出基于超效率 SBM－DEA 模型的投入量的松弛变量值 $\bar{S}_i^-$。只不过，式（5－6）中的 S_i^- 松弛变量表示的是第 i 种要素的投入过度量，而式（5－9）中的 $\bar{S}_i^-$ 松弛变量值表示的是第 i 种要素的投入不足量。

然而，无论是 CCR－DEA 模型，还是超效率 SBM－DEA 模型，都主要是基于横截面数据对同一时期不同决策单元的生产效率进行评价。对于面板数据而言，如果要反映不同时期的农产品加工产业生产率变化情况，则需要计算 Malmquist 生产率指数。Malmquist 指数由 Malmquist（1953）提出，Caves 等（1982）将其用于对生产率变化的测算。① 根据 Caves 的推导，以 t 时期的生产前沿面为基准，$t+1$ 时期的 Malmquist 指数可以表示为

$$M^t = \rho^t(x^{t+1}, y^{t+1}) / \rho^t(x^t, y^t) \tag{5-10}$$

在式（5－10）中，M^t 表示以 t 时期生产前沿面为基准的 Malmquist 指数，而 $\rho^t(x^{t+1}, y^{t+1})$ 和 $\rho^t(x^t, y^t)$ 分别表示以 t 时期生产前沿面为基准，基于超效率 SBM－DEA 模型的 $t+1$ 时期的农产品加工产业生产效率和 t 时期的农产品加工产业生产效率。与之对应，如果采用 $t+1$ 时期的生产前沿面为基准，则 $t+1$ 时期的 Malmquist 指数为

$$M^{t+1} = \rho^{t+1}(x^{t+1}, y^{t+1}) / \rho^{t+1}(x^t, y^t) \tag{5-11}$$

显然，式（5－10）和式（5－11）的计算结果并不一致。为了使计算结果更为准确，通常取式（5－10）和式（5－11）的几何平均值，作为 $t+1$ 时期的 Malmquist 指数，以反映农产品加工产业生产率在 t 到 $t+1$ 期内的变化，其具体形式为

$$M = (M^t \times M^{t+1})^{1/2} = \left(\frac{\rho^t(x^{t+1}, y^{t+1})}{\rho^t(x^t, y^t)} \times \frac{\rho^{t+1}(x^{t+1}, y^{t+1})}{\rho^{t+1}(x^t, y^t)}\right)^{1/2} \tag{5-12}$$

显然，根据式（5－12），某个时期的 Malmquist 指数的计算，需

① Caves D W, Christensen L R, Diewert W E. Multilateral Comparisons of Output, Input, and Productivity Using Superlative Index Numbers[J]. Economic Journal, 1982, 92 (365): 73－86.

要利用超效率 SBM – DEA 模型计算四个农产品加工产业生产效率值。

（3）效率评价结果

在采用超效率 SBM – DEA 模型对农产品加工产业全要素生产率进行测度时，首先需要设定农产品加工部门的投入变量与产出变量。本书选取农产品加工产业的产值为产出变量，而农产品加工产业的固定资产净值和从业人员为投入变量。这些数据均可以从历年《中国工业统计年鉴》和各地区统计年鉴中获取。

利用上述农产品加工部门投入产出的相关数据，本书在 MaxDea 3.2 版本软件中，选择超效率 SBM – DEA 模型对全国 31 个省份的农产品加工产业全要素生产率的 Malmquist 指数进行测算，具体测算结果如下：

表 5 – 5　2000—2014 年各省份农产品加工产业全要素生产率的 Malmquist 指数

地区	2001/2000 年	2006/2005 年	2007/2006 年	2008/2007 年	2009/2008 年	2010/2009 年	2011/2010 年	2012/2011 年	2013/2012 年	2014/2013 年
北京	1.03	1.09	1.14	1.07	1.08	1.11	1.21	1.00	1.00	1.01
天津	1.07	1.15	1.14	1.42	1.16	1.10	1.27	1.10	1.01	1.03
河北	1.03	1.15	1.27	1.10	1.11	1.14	1.15	0.96	0.99	0.95
山西	0.98	1.06	1.35	1.13	1.04	1.21	1.36	0.98	1.07	0.92
内蒙古	1.09	1.24	1.30	1.13	1.13	1.03	1.21	0.99	1.08	0.89
辽宁	1.07	1.25	1.17	1.12	1.21	1.19	1.21	1.11	0.97	0.94
吉林	1.15	1.15	1.19	1.27	1.14	1.23	1.21	1.03	0.98	1.05
黑龙江	1.04	1.09	1.21	1.17	1.26	1.26	1.16	1.04	1.06	0.96
上海	1.16	1.10	1.16	1.07	1.00	1.21	1.22	1.00	0.93	1.04
江苏	1.02	1.12	1.12	1.01	1.12	1.07	1.10	1.04	0.99	0.91
浙江	1.10	1.09	1.10	1.02	1.00	1.13	1.14	0.98	1.01	1.04
安徽	1.06	1.13	1.22	1.16	1.10	1.18	1.28	0.95	0.99	1.04
福建	1.08	1.11	1.13	1.29	0.95	1.10	1.16	0.94	1.00	1.09
江西	1.07	1.23	1.22	1.17	1.11	1.11	1.20	0.95	0.96	1.06

续表

地区	2001/2000 年	2006/2005 年	2007/2006 年	2008/2007 年	2009/2008 年	2010/2009 年	2011/2010 年	2012/2011 年	2013/2012 年	2014/2013 年
山东	1.20	1.09	1.18	1.10	1.01	1.10	1.18	1.03	1.03	0.95
河南	1.10	1.24	1.23	1.12	0.97	1.15	1.05	0.86	0.94	0.98
湖北	1.09	1.16	1.18	1.19	0.98	1.24	1.31	1.11	0.96	1.05
湖南	1.07	1.24	1.02	1.09	1.11	1.02	1.11	1.01	0.98	0.97
广东	1.04	1.07	1.16	1.04	1.09	1.11	1.16	0.87	1.05	1.05
广西	1.05	1.25	1.22	1.17	1.05	1.14	1.28	0.99	1.01	1.02
海南	1.00	1.16	1.15	1.00	0.89	1.28	1.03	1.11	0.85	1.23
重庆	1.13	1.17	1.15	0.94	1.09	1.24	1.27	0.92	0.96	1.09
四川	1.09	1.15	1.31	1.12	1.12	1.06	1.14	0.89	1.01	1.05
贵州	1.06	1.17	1.30	1.06	1.08	1.10	1.38	0.95	1.03	0.99
云南	1.25	1.02	1.15	1.14	1.06	1.05	1.11	1.05	0.96	1.02
西藏	0.91	1.37	1.47	1.04	1.26	0.92	1.38	0.74	0.93	1.17
陕西	1.06	1.18	1.20	1.15	1.15	1.16	1.26	1.12	1.06	0.89
甘肃	1.14	1.03	1.14	1.09	1.15	1.12	1.35	1.22	1.06	1.05
青海	1.20	0.80	1.30	1.17	1.10	1.42	0.94	1.09	1.03	1.13
宁夏	1.05	1.12	1.17	1.06	1.09	1.08	1.06	1.13	1.15	1.19
新疆	1.01	1.22	1.13	1.25	1.02	1.15	1.08	1.06	1.02	1.07

从表5-5可以发现，31个省份绝大多数的全要素生产率指数均大于1，由此说明农产品加工产业的生产效率在不断提升。表5-2显示的是环比指数，为了比较分析不同年份农产品加工产业生产效率的高低，可以选择以2000年为基期，并设2000年的生产效率为1，可以计算出其他年份生产效率的定基指数。

表5-6 各省份农产品加工产业全要素生产率的定基指数

地区	2001 年	2005 年	2010 年	2011 年	2012 年	2013 年	2014 年
北京	1.03	1.30	2.06	2.49	2.50	2.51	2.54
天津	1.07	1.19	2.81	3.58	3.94	4.00	4.11
河北	1.03	1.78	3.64	4.18	4.03	3.98	3.76

续表

地区	2001 年	2005 年	2010 年	2011 年	2012 年	2013 年	2014 年
山西	0.98	1.75	3.55	4.84	4.75	5.10	4.71
内蒙古	1.09	2.31	4.91	5.94	5.87	6.35	5.65
辽宁	1.07	1.69	3.98	4.80	5.31	5.16	4.87
吉林	1.15	2.69	6.63	8.00	8.26	8.06	8.45
黑龙江	1.04	2.44	5.98	6.93	7.18	7.62	7.35
上海	1.16	1.32	2.19	2.67	2.66	2.47	2.56
江苏	1.02	1.62	2.45	2.69	2.80	2.76	2.50
浙江	1.10	1.17	1.63	1.85	1.81	1.82	1.89
安徽	1.06	1.60	3.34	4.28	4.05	3.99	4.16
福建	1.08	1.45	2.46	2.85	2.67	2.66	2.91
江西	1.07	1.82	3.90	4.67	4.44	4.27	4.51
山东	1.20	2.70	4.29	5.05	5.20	5.34	5.09
河南	1.10	1.85	3.53	3.72	3.18	3.00	2.95
湖北	1.09	1.27	2.53	3.32	3.67	3.53	3.70
湖南	1.07	2.30	3.64	4.05	4.10	4.01	3.88
广东	1.04	1.13	1.77	2.05	1.79	1.88	1.98
广西	1.05	2.08	4.46	5.69	5.64	5.70	5.81
海南	1.00	1.18	1.78	1.83	2.03	1.73	2.13
重庆	1.13	2.23	3.79	4.82	4.44	4.24	4.63
四川	1.09	2.11	4.25	4.85	4.34	4.40	4.61
贵州	1.06	1.87	3.59	4.98	4.75	4.87	4.83
云南	1.25	2.05	3.06	3.39	3.56	3.42	3.50
西藏	0.91	1.86	4.51	6.24	4.60	4.28	5.01
陕西	1.06	1.79	3.91	4.92	5.53	5.84	5.20
甘肃	1.14	1.79	2.98	4.02	4.91	5.20	5.45
青海	1.20	3.11	5.89	5.56	6.05	6.26	7.09
宁夏	1.05	1.79	2.90	3.09	3.48	4.01	4.78
新疆	1.01	1.79	3.60	3.90	4.12	4.21	4.51

从表 5－6 可以发现，农产品加工产业全要素生产率最高的前 5 个地区分别是吉林、黑龙江、青海、广西、内蒙古，其中吉林在 2014 年

达到了8.45；而农产品加工企业全要素生产率最低的5个地区分别是北京、江苏、海南、广东、浙江，其中浙江最低，2014年仅为1.89。分析其具体原因，可能是因为这些地区的农产品加工产业从业人员和固定资产规模均较大，尽管产值也较大。

（二）计量模型的建立及变量选择

尽管前文的理论分析表明，农产品加工企业空间集聚可能会促进农产品加工产业产业效率增长，而一些学者（战炤磊，王凯，2012）的实证研究也表明产业集聚对全要素生产率增长有显著正向影响。[①]但另一些学者（李晓萍等，2015）研究发现，经济集聚对多数制造业企业生产率会产生负向影响，即主要表现为拥挤效应而不是集聚效应。[②] 因此，农产品加工企业空间集聚对农产品加工产业产业效率的影响可能是非线性的，仍然需要建立门槛面板模型进行实证分析。

$$E_{it} = \alpha_0 + \beta_1 K_{it} \times I(q_{it} \leqslant \gamma) + \beta_2 K_{it} \times I(q_{it} > \gamma) + \beta_3 G_{it} + \beta_4 S_{it} + \varepsilon_{it} \qquad (5-13)$$

在式（5-13）中，E_{it} 为第 i 个地区 t 时期的农产品加工产业产业效率；K_{it} 为第 i 个地区 t 时期的农产品加工企业空间集聚度；G_{it} 和 S_{it} 为控制变量，分别表示第 i 个地区 t 时期的农产品加工企业规模和经济体制结构，选取这两个变量作为控制变量，主要是因为现有研究表明，农产品加工企业规模将影响到企业创新的意愿及能力，进而影响企业效率，而经济体制结构，是作为外在因素对企业创新环境产生影响的；

① 战炤磊，王凯．产业集聚、企业规模与农产品加工产业全要素生产率——来自江苏的证据[J]．中南财经政法大学学报，2015(5)：134－140.

② 李晓萍，李平，吕大国，等．经济集聚、选择效应与企业生产率[J]．管理世界，2015(4)：25－38.

q_{it} 为门槛变量；γ 为未知的门槛变量值；$I(\cdot)$ 为指示性函数，当括号中的不等式成立时 $I(\cdot)$ 的取值为1，反之取值为0。在式（5－13）中，β_1 可以表示门槛变量 q_{it} 小于等于某个值 γ 时，农产品加工企业空间集聚对其产业效率变动的影响；而 β_2 则可以表示门槛变量 q_{it} 大于某个值 γ 时，农产品加工企业空间集聚对其产业效率变动的影响。在后续的实证分析中，本书分别选择农产品加工企业空间集聚度和企业规模作为门槛变量，探讨不同空间集聚度和企业规模下，农产品加工企业空间集聚对农产品加工产业产业效率的非线性影响。

（三）变量表示及数据说明

在式（5－13）中，农产品加工产业的产业效率用前文处理过的全要素生产率定基指数予以表示，农产品加工企业空间集聚度用第2章中的计算数据予以表示。农产品加工企业规模，用单个农产品加工企业的净资产规模来表示，具体用农产品加工产业总的净资产除以企业数量来计算。对于经济体制结构，则用制造业中国有资本占总资本的比重来表示，该指标可以反映整个地区国有经济成分的大小。计算上述指标的各个数据，均来源于历年的《中国工业经济统计年鉴》和31个省级行政区域的统计年鉴。

（四）计量分析结果及解释

分别以农产品加工企业空间集聚度和企业规模为门槛变量，对是否存在门槛效应以及存在几个门槛值进行检验。具体检验结果见表5－7。

表 5－7 门槛效应检验结果

门槛变量	门槛类型	*F* 值	*P* 值	Bootstrap 次数	临界值		
					10%	5%	1%
K	单一门槛	57.83 *	0.0533	300	44.0219	60.736	78.9839
	双重门槛	21.13	0.54	300	42.8679	51.4582	71.2765
	三重门槛	15.71	0.68	300	50.1332	61.3212	75.9564
G	单一门槛	84.59 **	0.0367	300	59.8391	75.4331	115.7436
	双重门槛	30.09	0.2	300	39.0474	45.3984	68.6316
	三重门槛	10.74	0.58	300	51.048	66.7291	92.9558

注：***、**、*分别表示在1%、5%和10%的显著性水平。

从表5－7中可以发现，当以农产品加工企业空间集聚度为门槛变量时，只有单一门槛模型通过10%的显著性水平检验，其他未通过；而当以农产品加工企业规模为门槛变量时，单一门槛模型通过5%的显著性水平检验，其他未通过。由此可见，这两个门槛变量均只存在一个门槛值。进一步对该门槛值进行估计，可以得到空间集聚度的门槛值为1.21，其95%的置信区间为［1.195，1.22］；企业规模的门槛值为0.3665，其95%的置信区间为［0.3596，0.3667］。置信区间范围较小，说明这两个门槛值的估计结果是有效和显著的。

门槛值确定以后，便可以根据门槛值对式（5－13）进行参数估计。本书在STATA 14.0软件中，采用王群勇（2015）的xthreg命令，对模型进行估计。具体估计结果见表5－8。

表 5－8 农产品加工产业效率单门槛面板模型估计结果

变量	*K* 为门槛变量		*G* 为门槛变量	
	系数	*t* 统计量	系数	*t* 统计量
G	2.64241 ***	10.95	1.84579 ***	7.66
S	−6.3591 ***	−17.31	−5.7604 ***	−15.87
$K \times I(K \leqslant 1.21)$	7.2196 ***	6.05	—	—

续表

变量	K 为门槛变量		G 为门槛变量	
	系数	t 统计量	系数	t 统计量
$K \times I(K > 1.21)$	-0.0828	-0.89	—	—
$K \times I(G \leqslant 0.3665)$	—	—	-0.0275	-0.3
$K \times I(G > 0.3665)$	—	—	0.96183***	5.68

注：***、**、*分别表示在1%、5%和10%的显著性水平。

从表5-8中可以发现，农产品加工企业空间集聚度对农产品加工产业产业效率的影响，依赖两个门槛变量：一是农产品加工企业空间集聚度本身。当集聚度小于1.21时，农产品加工企业空间集聚可以显著地提升农产品加工产业效率；而当集聚度大于1.21时，拥挤效应的负面影响，会导致农产品加工企业空间集聚对效率提升产生副作用。二是农产品加工企业规模。当农产品加工企业营业收入小于0.3665亿元时，农产品加工企业空间集聚对产业效率的影响不显著；当企业营业收入大于0.3665亿元时，农产品加工企业空间集聚会显著提升农产品加工产业产业效率。这说明，为提高农产品加工产业的产业效率，应进一步壮大企业规模。此外，从两个控制变量的系数看，农产品加工企业规模变大可以提升农产品加工产业效率，而国有经济占的比重过高，则会对效率提升产生负面影响。

根据两个变量的门槛值，可以进一步将全国31个省级行政区域划分为高集聚度区域和低集聚度区域，以及大规模企业区域和小规模企业区域。以2014年为例，具体划分结果见表5-9。

表 5-9　2014 年农产品加工企业规模及空间集聚度区域划分

划分依据	类型	区域
企业集聚度	高集聚度区	浙江、江苏、上海、广东、山东、福建、安徽、天津、湖北
	低集聚度区	北京、河南、辽宁、吉林、重庆、湖南、江西、河北、四川、广西、宁夏、黑龙江、陕西、内蒙古、贵州、云南、新疆、甘肃、海南、山西、青海、西藏
企业规模	大规模区	海南、内蒙古、云南、贵州、河南、天津、四川、青海、山西、吉林、新疆、西藏、山东、广西、黑龙江、河北、江西、辽宁、湖南、陕西、北京、宁夏、甘肃、湖北、江苏
	小规模区	上海、重庆、广东、福建、浙江、安徽

四、对产业竞争力的影响实证

（一）农产品加工产业竞争力的区域特征分析

衡量产业竞争力主要是通过显性指标和隐性指标，其中显性指标又可以从市场占有率、市场盈利能力等角度来衡量。限于数据的可得性，本书主要采用市场占有率来衡量，具体可通过各地区每年的农产品加工产业销售产值占全国农产品销售产值的比率来反映。具体计算结果见表 5-10。

表 5-10　2000—2014 年各地区农产品加工产业市场占有率

单位：%

区域	2000 年	2005 年	2010 年	2011 年	2012 年	2013 年	2014 年
北京	1.84	1.42	0.84	0.77	0.72	0.65	0.60
天津	2.02	1.24	1.01	1.22	1.46	1.45	1.46
河北	4.14	3.87	3.51	3.79	3.81	3.79	3.81
山西	0.47	0.37	0.35	0.39	0.37	0.37	0.34
内蒙古	0.93	1.45	1.91	1.86	1.69	1.70	1.57
辽宁	2.51	2.47	4.19	4.16	4.79	4.56	3.84
吉林	1.13	1.18	2.18	2.45	2.68	2.62	2.60

续表

区域	2000年	2005年	2010年	2011年	2012年	2013年	2014年
黑龙江	1.56	1.42	1.67	1.80	1.96	2.17	2.03
上海	5.12	3.92	2.38	2.11	1.95	1.75	1.63
江苏	13.71	13.16	11.32	10.21	10.27	10.08	9.19
浙江	11.12	13.39	9.42	8.04	7.54	7.12	6.90
安徽	2.19	1.73	2.67	3.22	3.36	3.43	3.69
福建	3.96	5.11	5.52	5.82	5.76	5.81	6.11
江西	1.07	1.16	1.99	2.04	2.34	2.51	2.92
山东	12.26	17.49	16.21	15.45	15.80	15.47	15.32
河南	4.80	4.85	6.59	7.33	6.97	7.19	7.64
湖北	4.27	2.30	3.50	4.20	4.86	5.15	5.52
湖南	2.04	2.31	3.34	3.76	3.56	3.54	3.62
广东	14.16	12.02	10.69	9.92	8.74	8.96	9.00
广西	1.45	1.29	1.75	1.99	2.18	2.22	2.29
海南	0.36	0.29	0.20	0.16	0.16	0.14	0.16
重庆	0.60	0.59	0.87	0.89	0.91	0.91	1.03
四川	2.68	2.98	4.26	4.74	4.14	4.17	4.18
贵州	0.74	0.50	0.48	0.58	0.61	0.71	0.80
云南	2.49	1.62	1.17	1.15	1.26	1.23	1.26
西藏	0.02	0.01	0.01	0.01	0.01	0.01	0.01
陕西	1.05	0.79	0.91	0.96	1.06	1.12	1.22
甘肃	0.42	0.34	0.33	0.32	0.39	0.40	0.42
青海	0.05	0.06	0.08	0.06	0.07	0.08	0.10
宁夏	0.15	0.21	0.20	0.19	0.20	0.22	0.26
新疆	0.72	0.46	0.45	0.40	0.41	0.43	0.47

从表5-10可以发现，农产品加工产业市场占有率最大的前5位地区是山东、江苏、广东、河南、浙江，其中除了河南，全部是东部地区省份。这些区域2014年的市场占有率分别为：15.32%、9.19%、9.00%、7.64%、6.90%。而从纵向比较看，2010—2014年，江苏、广东、浙江三省市场占有率出现了明显的下降趋势；河南、福建、四

川等省份市场占有率上升比较明显；山东的市场占有率虽然较高，但基本维持了比较稳定的变化。

（二）计量模型的建立及变量选择

现有关于产业空间集聚对竞争力的实证研究，探讨的多是国际竞争力，比如杜凯、周勤（2008），杨丹萍、毛江楠（2011），谢子远、张海波（2014）。[①②③] 这些学者的研究结果表明，企业空间集聚对国际竞争力的影响总体而言具有促进作用，但不同的行业表现出差异性。然而，这些研究更多揭示的是其存在的线性关系，并没有关注非线性关系。为了分析农产品加工企业空间集聚对产业竞争力可能存在的非线性关系，本书同样选择建立门槛面板模型。

$$J_{it} = \alpha_0 + \beta_1 K_{it} \times I(q_{it} \leqslant \gamma) + \beta_2 K_{it} \times I(q_{it} > \gamma) + \beta_3 N_{it} + \beta_4 Z_{it} + \varepsilon_{it} \tag{5-14}$$

在式（5 - 14）中，J_{it} 为第 i 个地区 t 时期的农产品加工产业市场竞争力。K_{it} 为第 i 个地区 t 时期的农产品加工企业空间集聚度。N_{it} 和 Z_{it} 为控制变量，分别表示第 i 个地区 t 时期的农产品加工企业原材料供应和地方政府支持。选取这两个变量作为控制变量，主要是因为根据波特的竞争优势理论，农产品加工产业竞争力将受到原材料供应和地方政府政策的影响。q_{it} 为门槛变量；γ 为未知的门槛变量值；$I(\cdot)$ 为指示性函数，当括号中的不等式成立时 $I(\cdot)$ 的取值为 1，反之取值为 0。β_1

① 杜凯，周勤．集聚经济、行业特性与国际竞争力[J]．经济学家，2008(2)：39 - 46.

② 杨丹萍，毛江楠．产业集聚与对外贸易国际竞争力的相关性研究[J]．国际贸易问题，2011(1)：20 - 28.

③ 谢子远，张海波．产业集聚影响制造业国际竞争力的内在机理[J]．国际贸易问题，2014(9)：24 - 35.

可以表示门槛变量 q_{it} 小于等于某个值 γ 时，农产品加工企业空间集聚对其产业竞争力的影响；而 β_2 则可以表示门槛变量 q_{it} 大于某个值 γ 时，农产品加工企业空间集聚对其产业竞争力的影响。

（三）变量表示及数据说明

在式（5-14）中，农产品加工企业市场竞争力用前文中的市场占有率来表示，农产品加工企业空间集聚度如前所述。控制变量农产品加工企业的原材料供应，用各个地区农林牧渔业生产总值来表示；地方政府对农产品加工企业的支持，用地方政府对农业支持力度进行替代，具体用地方政府的财政支农支出来表示。计算上述指标的各种数据均来源于《中国工业经济统计年鉴》和各地区历年统计年鉴。在具体的计量分析中，由于控制变量的数字较大，因此取自然对数。

（四）计量分析结果及解释

在STATA 14.0软件中，采用王群勇（2015）的xthreg命令，以农产品加工企业空间集聚度为门槛变量，对模型是否存在门槛效应以及存在几个门槛值进行检验。具体检验结果见表5-11。

表5-11 门槛效应检验结果

门槛变量	门槛类型	*F*值	*P*值	Bootstrap次数	临界值		
					10%	5%	1%
K	单一门槛	96.92**	0.0267	300	59.4255	71.0592	128.547
	双重门槛	31.13	0.29	300	51.7019	63.0047	104.7873
	三重门槛	15.91	0.7233	300	43.3681	56.2928	81.8089

注：***、**、*分别表示在1%、5%和10%的显著性水平。

从表5-11可以发现，单一门槛通过了5%的显著性水平检验，而双重门槛和三重门槛没有通过检验。这说明，模型仅存在一个门槛值，可以选择单一门槛模型进行计量分析。进一步对这个门槛值进行估计可以得到该门槛值3.3，而其95%的置信区间为［3.245，3.39］。置信区间的范围较小，说明该门槛值是有效和显著的。门槛值确定以后，对式（5－14）进行估计得到如下结果：

表5－12 农产品加工产业竞争力单门槛面板模型估计结果

变量	*K*为门槛变量	
	系数	*t*统计量
N	−0.24962	−0.97
Z	0.229319*	1.96
$K \times I(K \leqslant 3.30)$	1.970825***	14.28
$K \times I(K > 3.30)$	1.243273***	13.86

注：***、**、*分别表示在1%、5%和10%的显著性水平。

从表5－12可以发现，农产品加工企业空间集聚总体上都可以促进农产品加工产业竞争力提升。当空间集聚度小于3.3时，对竞争力提升的作用更强；而当集聚度大于3.3时，对竞争力提升的作用有所减弱。此外，农产品原材料供应对农产品加工产业竞争力的影响不显著，而地方政府支持对农产品加工产业竞争力的提升有显著促进作用。这可能是因为，随着交通运输条件的改善，原材料的供应会更加便利，成本会更低，对农产品加工产业竞争力的影响在减弱。

五、本章小结

综上所述，可知农产品加工企业空间集聚将通过影响产业规模、产业效率和产业竞争力等方面，对农产品加工产业成长产生影响。而门槛面板数据模型实证分析表明，农产品加工企业空间集聚对农产品加工产业的成长存在显著的门槛效应。具体表现在：农产品加工企业空间集聚度小于1.7166时，农产品加工企业空间集聚可以显著促进农产品加工产业规模扩大；但是，农产品加工企业空间集聚度大于1. 7166 时，农产品加工企业空间集聚会对农产品加工产业规模扩张产生负面影响。农产品加工企业空间集聚度对农产品加工产业产业效率的影响，依赖两个门槛变量：一是农产品加工企业空间集聚度本身，当集聚度小于 1. 21 时，农产品加工企业空间集聚可以显著地提升农产品加工产业效率；而当集聚度大于 1. 21 时，会由于拥挤效应的负面影响，导致农产品加工企业空间集聚对效率提升产生副作用。二是农产品加工企业规模，当农产品加工企业营业收入小于 0. 3665 亿元时，农产品加工企业空间集聚对产业效率的影响不显著；当企业营业收入大于 0. 3665 亿元时，农产品加工企业空间集聚会显著地提升农产品加工产业效率。农产品加工企业空间集聚总体上都可以促进农产品加工产业竞争力的提升。当空间集聚度小于 3. 3 时，对竞争力提升的作用更强；而当集聚度大于 3. 3 时，对竞争力提升的作用有所减弱。

第六章 农产品加工企业空间集聚的外部经济效应

一、农产品加工企业空间集聚的外部效应表现

在第五章中，笔者主要分析了农产品加工企业空间集聚对农产品加工产业自身发展带来的影响。而事实上，农产品加工企业空间集聚还可能对农业发展、农民收入增长以及人口城镇化等产生重要影响。与对农产品加工产业自身发展影响不同的是，这些影响是农产品加工企业空间集聚形成的外部效应。本章将对这些方面的影响进行理论和实证分析。

（一）对农业发展的影响

（1）对市场需求与交易的影响

由于农产品加工的原材料源于农业生产，因此农产品加工产业规模扩大后会拉动对农产品的市场需求，从而对农业发展产生带动作用，而农产品加工企业的空间集聚又会进一步增强对农产品市场需求的集中性和稳定性。随着集中性的提升，农产品的运输可以集中在农产品加工企业集聚区内，相应地，运输成本和交易成本会降低，从而

会提升农产品的市场交易效率。从稳定性而言，稳定的农产品市场需求将会避免农产品价格波动所带来的风险，从而为农业发展创造更好的市场环境。也就是说，农产品加工企业空间集聚相对于农产品加工企业分散生产而言，对农业发展的影响，不仅仅是体现在对市场需求的扩大上，更重要的是体现在市场需求的稳定性以及交易、流通成本的降低上，进而可提升农业生产的积极性。

（2）品牌价值提升

农产品加工企业在某个区域集聚不但可以形成自身的区域品牌，提升自身的品牌价值，而且更重要的是可以提升原材料供应的品牌价值。农产品的区域品牌价值往往是与农产品加工企业空间集聚密不可分的。农产品加工企业空间集聚的形成扩大了某个特色农产品的市场需求量，扩大了该特色农产品的市场影响力，为品牌的形成和传播奠定了基础。由于品牌价值的提升，农业发展的效益得到保障，进而会激发农民从事该产品生产的积极性，提升规模化、专业化程度，促进农业发展。

（3）农业生产技术变革

农产品加工企业空间集聚的形成会对原材料供应的产品提出品质要求。农业生产经营者为了使其产品达到这些要求，成为其原材料供应基地，会主动接受农产品加工企业的技术指导。这在一定程度上又促进了农业生产技术的变革，增强了农业生产效率，进而将促进农业发展。

（4）农业生产经营管理制度变革

农产品加工企业空间集聚的形成还会对农业生产经营管理产生影响。农业生产是农产品加工企业的上游产业链。农产品加工企业在经营管理过程中，为了使农产品原材料的供应达到要求，会对农业生产通过“公司+基地”“公司+农户”等普遍使用的农业产业化形式加以干预和指导。这在一定程度上，发挥了农产品加工企业在农业生产经营中的带头作用，促进了传统农业生产经营制度的变革，进而将促进农业生产经营效率的提升，带动农业发展。

（二）对农民收入增长的影响

农产品加工企业空间集聚对农民收入增长的影响主要体现在以下几个方面：

首先，农产品加工企业空间集聚有利于农民家庭经营收入增长。农产品加工企业空间集聚不但扩大了农产品的市场需求规模，更为重要的是稳定了农产品市场价格，降低了市场交易成本，为农民家庭经营收入增长创造了更加有利的条件。

其次，农产品加工企业空间集聚有利于农民工资性收入增长。农产品加工企业空间集聚形成后，需要大量稳定的劳动力供应。如果在原材料产地形成集聚，那么农民便可以就地进入企业打工，减少了他们外出打工的生活成本，对他们工资性收入增长将产生积极作用。

再次，农产品加工企业空间集聚会影响农民财产性收入。农产品加工企业空间集聚形成后，会促进农民土地流转，进而增加农民土地流转收入。农产品加工企业空间集聚还会引发资本的集聚，为农民创造投资渠道，促进他们的投资收益增长。

（三）对人口城镇化的影响

现代城市经济学认为，城镇的形成本质上是产业和交易空间集聚和地理集中的结果。人口城镇化就是农村人口不断向城镇集中的过程；而人口之所以会向城镇集中，首先是由于城镇产业的发展，为人们提供了就业的机会。随着人口的不断集中，城镇的规模和人口数量会不断扩大，从而会促进人们交易行为的集中。交易行为的集中会进一步降低人们的交易费用。因此，为了降低交易费用，人们又会进一步向城镇转移。总之，人口城镇化是产业集中和交易集中所产生的集聚经济效应所引发的必然结果。农产品加工企业空间集聚，本质上也属于产业集中。一方面，可以由于集聚形成大量的农产品加工园区、农产品加工小镇，通过吸引就业进而促进人口城镇化；另一方面，农产品加工企业空间集聚也为人口城镇化提供了日常的消费品，为人口城镇化提供了支撑。总之，农产品加工企业空间集聚可能会对人口城镇化产生积极的促进作用。

（四）空间外部效应分析

由于农产品、人口及农村劳动力的跨区域流动性，农产品加工企业空间集聚不但会对本地区的农业发展、农民收入增长和人口城镇化产生重要影响，而且也会对邻近地区产生空间外溢效应。首先，由于农产品的跨区域流动性，农产品加工企业空间集聚会在一定程度上引发对周边地区农产品的市场需求，进而促进周边地区的农业发展。其次，由于农村劳动力的跨区域流动特性，农产品加工企业空间集聚不但会带动本地区农民就业，而且会吸引周边地区的农民就业，从而促进农民收入增长。再次，由于人口的跨区域流动性，一方面，农产品加工企业空间集聚会在一定程度上促进本地区的人口城镇化；另一方面，也会吸引周边地区的人口转移到本地区，从而可能会抑制周边地区城镇化进程，进而对周边地区人口的城镇化造成负面影响。

二、空间面板数据计量分析方法

农产品加工企业空间集聚除了会影响本地区农业发展、农民收入增长和人口城镇化外，还可能会对周边地区的农业发展、农民收入增长产生影响，从而产生空间外溢效应。而普通面板数据模型不能揭示这种空间外溢效应，这就需要借助于空间面板数据模型。

（一）空间计量经济学的提出

空间计量经济学是在继承并发展完善经典计量分析方法的基础上，通过分析与地理位置及空间交互作用相关的空间数据之间的计量关系，以揭示其空间变动规律及空间模式。[①] 空间数据是指具有地理位置属性的数据。与一般的截面或时序数据不同的是，空间数据总是存在于特定的地理空间上。Tobler（1979）提出的地理学第一定律认为，任何事物都与其周围的事物相关联，且越邻近的事物联系越紧密。[②] 而空间数据是对空间事物的数字描述，也应具有空间依赖或空间相关性的特征。空间数据普遍存在的空间相关性使其与经典计量分析所要求的样本独立性前提相悖，因而造成使用经典计量模型分析空间数据得到的结论是有偏的或非最优的。因此，一种不同于经典计量经济学的分析方法，即空间计量分析方法便应运而生。但是空间计量分析并不是抛弃所有的经典计量分析技术，而只是对这些技术加以修

---

① 吴玉鸣．空间计量经济模型在省域研发与创新中的应用研究[J]．数量经济技术经济研究，2006(5):74－85.

② Waldo R Tobler. Smooth Pycnophylactic Interpolation for Geographical Regions [J]. Journal of the American Statistical Association,1979,74(367):519－530.

改以更适用于空间数据。

Paelinck 等（1979）在“*Spatial Econometrics*”一书中首次提出了空间计量经济学的相关观念，讨论了空间计量模型的估计、假设检验及经验分析，并对此后的研究产生了重要影响。[①] 而 Anselin（1988）在“*Spatial Econometrics: Methods and Models*”一书中进一步对空间计量经济学的内容系统化、学科化，并成为当前空间计量研究的主流。[②] Anselin 认为，作为计量经济学的子领域，空间计量经济学分析处理的是含有空间自相关和空间异质等空间效应的截面数据或面板数据，而空间自相关可以通过建立空间权重矩阵来表示。空间权重矩阵是对空间邻近性的反映，是进行空间计量分析的基础。空间权重矩阵确立的方法通常有两种：基于邻接概念的空间权重矩阵和基于距离的空间权重矩阵。假设研究对象有 n 个地理区域，则这 n 个地理区域的空间权重矩阵可以表示为

$$W_{n\times n} = \begin{pmatrix} w_{11} & \cdots & w_{1n} \\ \vdots & w_{ij} & \vdots \\ w_{n1} & \cdots & w_{nn} \end{pmatrix}$$

其中，w_{ij} 为区域 i 和区域 j 邻近关系，其确定标准有以下两种：

在基于邻接概念的空间权重矩阵中：

$$w_{ij} = \begin{cases} 1 & \text{当区域 } i \text{ 和 } j \text{ 邻接；} \\ 0 & \text{其他。} \end{cases}$$

在基于距离的空间权重矩阵中：

① Paelinck J, Klaassen L. Spatial Econometrics [M]. Farnborough: Saxon House, 1979.

② Anselin L. Spatial Econometrics: Methods and Models [M]. Dordrecht: Kluwer Academic, 1988.

$$w_{ij} = \begin{cases} 1 & \text{当区域 } i \text{ 和 } j \text{ 的距离小于 } d \text{ 时；} \\ 0 & \text{其他。} \end{cases}$$

本书根据 Anselin 给出的有关空间计量经济学的研究内容，从空间截面数据与空间面板数据两个方面对空间计量模型的建立、检验及估计等内容进行简要阐述。由于空间截面数据分析方法是空间面板数据分析方法的基础，因此，本章将从介绍空间截面数据的分析方法出发，进而将其拓展应用到空间面板数据分析。

（二）空间计量模型的基本形式

空间计量分析的目的是除了揭示不同区域间某一属性值的变动规律及其影响因素，还要考察该属性值的空间相互作用。因此，与一般计量模型不同的是，空间计量模型包含了不同区域之间某一属性值的空间效应（空间自相关和空间异质性等）。它通常是在一般计量模型的基础上，引入一个表示空间效应的变量为解释变量，对被解释变量进行回归分析。虽然空间计量模型存在多种模型设定形式，但是空间滞后模型（Spatial Lag Model，SLM）和空间误差模型（Spatial Error Model，SEM）是最为常用的基本模型。本书也主要是基于这两类模型来阐述空间计量分析的基本原理。

我们首先建立一个没有包含空间效应的一元线性截面数据回归模型，如下：

$$y_i = \beta_0 + \beta_1 x_i + \varepsilon_i \quad (i = 1,2,\cdots,N) \tag{6-1}$$

在式（6-1）中，y_i 为第 i 个地区被解释变量的观测值；x_i 为第 i 个地区解释变量的观测值；β_0 和 β_1 为待估计参数；ε_i 为随机误差项。

Ord（1975）提出了空间滞后模型，其基本形式是在式（6-1）

的基础上，引入一个体现不同地区被解释变量 y 的空间相互作用的变量为解释变量。[①] 该模型的简化表达形式如下：

$$y = \rho Wy + \beta x + \varepsilon \quad \varepsilon \sim N(0,\sigma^2 I) \qquad (6-2)$$

在式（6－2）中，ρ 为空间相关系数，用以描述相邻地区被解释变量对本地区被解释变量的影响；W 为 N 维空间权重矩阵，反映的是研究区域的邻近关系；其他各项与式（6－1）的含义相同。

与空间滞后模型相对应，Cliff 和 Ord（1981）提出了空间误差模型，其基本形式是把式（6－1）中的随机误差项表示成为相邻地区随机误差项的函数，这说明空间效应的存在是由于随机误差引起的。[②] 该模型的简化表达形式如下：

$$y = \beta x + \varepsilon\,,\ \varepsilon = \lambda W\varepsilon + \xi \quad \xi \sim N(0,\sigma^2 I) \qquad (6-3)$$

在式（6－3）中，λ 度量的便是相邻地区被解释变量的随机误差对本地区被解释变量的影响。

Anselin（1988）在对空间截面数据模型进行详细探讨的基础上，提出了空间面板数据模型，但未进行深入分析。随后，Baltagi（2003，2007）、Elhorst（2003，2010）等对空间面板数据模型的检验及估计进行了大量研究。[③④⑤⑥] 而 Anselin（2006）将空间计量模型的两种基本

---

① Ord J K. Estimation Methods for Models of Spatial Interaction [J]. Journal of the American Statistical Association, 1975(70):120－126.

② Cliff A, Ord J K. Spatial Processes: Models and Applications [M]. London: Pion, 1981.

③ Baltagi B H, Song S H, Koh W. Testing Panel Data Models with Spatial Error Correlation [J]. Journal of Econometrics, 2003(117): 123－150.

④ Baltagi B H, Song S H, Jung B C, et al. Testing for Serial Correlation, Spatial Autocorrelation and Random Effects Using Panel Data[J]. Journal of Econometrics, 2007, 140(1):5－51.

⑤ Elhorst J P. Specification and Estimation of Spatial Panel Data Models[J]. International Regional Science Review, 2003, 26(3):244－268.

⑥ Elhorst J P. Spatial Panel Data Models[M]//Fischer M M, Getis A. Handbook of Applied Spatial Analysis. Berlin: Springer, 2010:377－407.

形式（空间滞后模型和空间误差模型）从截面数据分析拓展到了空间面板数据分析。[①] 在对空间面板数据模型进行分析的过程中，由于各个变量值构成的矩阵由 $NX1$ 维扩展到了 NXT 维，因而空间权重矩阵也需要进行相应的拓展。为了解决这一问题，Anselin（2006）将空间面板数据的空间权重矩阵设定为 T 维时间单位矩阵与 NXN 阶空间截面数据权重矩阵的克罗内克积。通过这种变换，分析空间面板数据的空间滞后模型和空间误差模型可以表示如下：

$$y_{it} = \rho(I_T \otimes W_N) y_{it} + \beta x_{it} + \varepsilon_{it} \qquad (6-4)$$

$$y_{it} = \beta x_{it} + \varepsilon_{it}, \ \varepsilon_{it} = \lambda(I_T \otimes W_N)\varepsilon_{it} + \xi_{it} \qquad (6-5)$$

作为空间计量模型的基本形式，空间滞后模型和空间误差模型，虽然揭示了邻近地区被解释变量和随机误差项对本地区被解释变量的空间效应，但是，却不能说明邻近地区解释变量对本地区被解释变量是否存在空间效应。为了弥补这一缺陷，Anselin（1998），根据 Durbin 的残差自相关时间序列模型推理得出了分析截面数据的空间杜宾模型（Spatial Durbin Model，SDM）。[②] Elhorst（2006），LeSage 和 Pace（2009）进一步将其拓展到分析空间面板数据。[③④] 该模型既包含被解释变量的空间滞后项，也包含解释变量的空间滞后项，其基本形

---

① Anselin L, Le Gallo J, Jayet H. Spatial Panel Econometrics[M]//Matyas L, Sevestre P. The Econometrics of Panel Data, Fundamentals and Recent Developments in Theory and Practice. 3rd ed. Dordrecht: Kluwer, 2006: 901 – 969.

② Anselin L, Bera A. Spatial Dependence in Linear Regression Models with an Introduction to Spatial Econometrics[M]//Ullah A, Giles D. Handbook of Applied Economics Statistics. New York: Marcel Dekker, 1998: 237 – 289.

③ Elhorst J P, Piras G, Arbia G. Growth and Convergence in a Multi – regional Model with Space – time Dynamics[C]. Paper Presented at the Spatial Econometric Workshop, Rome, 2006.

④ LeSage J P, Pace R K. Introduction to Spatial Econometrics[M]. Boca Raton: CRC Press Taylor & Francis Group, 2009.

式为

$$y_{it} = \rho(I_T \otimes W_N)y_{it} + \beta x_{it} + \theta(I_T \otimes W_N)x_{it} + \varepsilon_{it} \qquad (6-6)$$

在式（6-6）中，θ 度量的便是邻近地区解释变量对本地区被解释变量的空间效应。在空间杜宾模型中，如果 $\theta = 0$，便可以简化成空间滞后模型；如果 $\theta + \rho\beta = 0$，便可以简化为空间误差模型。

三、对农业发展影响的空间计量分析

（一）空间计量模型建立及变量选择

为了揭示农产品加工企业空间集聚对农业发展的影响及其可能存在的空间溢出效应，本书选择建立 Elhorst（2006）提出的空间杜宾模型，再进一步检验是否可以简化为空间误差模型或空间滞后模型。模型具体形式如下：

$$N_{it} = c + \rho\sum_{j=1}^{N} w_{ij}N_{jt} + \alpha_1 K_{it} + \beta_1 L_{it} + \delta_1 M_{it} + \gamma_1 P_{it} + \alpha_2\sum_{j=1}^{N} w_{ij}K_{jt} + \beta_2\sum_{j=1}^{N} w_{ij}L_{jt} + \delta_2\sum_{j=1}^{N} w_{ij}M_{jt} + \gamma_2\sum_{j=1}^{N} w_{ij}P_{jt} + \varepsilon_{it} \qquad (6-7)$$

在式（6-7）中，N_{it} 为 i 区域 t 时期的农业发展变量；K_{it} 为 i 区域 t 时期农产品加工企业空间集聚度；L_{it}、M_{it}、P_{it} 为控制变量，分别为 i 区域 t 时期的农业从业人员、农业机械设备和农作物播种面积；w_{ij} 为空间权重矩阵，可以表示 i 区域与 j 区域的空间相邻情况；ρ 表示邻近区域农业发展对 i 区域农业发展的影响；α_1、β_1、δ_1、γ_1 分别表示 i 区域的农产品加工企业空间集聚、农业从业人员、农业机械设备和农作物播种面积对 i 区域农业发展的影响；α_2、β_2、δ_2、γ_2 则表示邻近区域的农产品加工企业空间集聚、农业从业人员、农业机械设备和农作物

播种面积对 i 区域农业发展的空间溢出效应。

（二）变量表示及数据说明

在式（6－7）中，农业发展变量 N_{it} 用农林牧渔业生产总值表示；农产品加工企业空间集聚变量 K_{it} 用第二章的农产品加工企业空间密度指数来表示；农业从业人员、农业机械设备和农作物播种面积等控制变量，可以直接用统计年鉴中的农林牧渔业从业人员、农业机械总动力、农作物播种总面积来表示。有关农业发展及控制变量的相关数据来自历年《中国农村统计年鉴》以及各省级行政区域统计年鉴。在后续计量分析过程中，由于农产品加工企业空间集聚变量相对于其他变量而言数值较小，因此，对农业发展及相关控制变量的数据做对数化处理。

（三）空间计量分析结果及解释

（1）空间权重矩阵的设定

在式（6－1）空间权重矩阵中，w_{ij} 是对不同地区间空间邻近性的反映，当区域 i 和区域 j 邻近时，w_{ij} 取值1，否则取值0。对空间权重矩阵的设定是空间计量分析的基础。对空间权重矩阵确立的方法，通常包括基于邻接概念的空间权重矩阵和基于空间距离的空间权重矩阵。本书主要采用基于空间距离的空间权重矩阵进行设定。距离选取的规则是，使每个地区至少有 1 个邻居的最小距离。具体计算过程是，在 Matlab 软件中采用相关命令进行运算。

（2）空间相关性检验

在对空间计量模型进行参数估计之前，需要对其进行空间相关性检验，目的是判断是否应该采用空间计量模型。空间相关性检验的常用方法有莫兰指数法（Moran I）和拉格朗日乘数法（Lagrange Multiplier，LM）。本书在 Matlab 软件中利用 LeSage（1999）、Elhorst（2010a）开发的空间计量工具箱中的相关程序，采用拉格朗日乘数法，分别对农业发展的空间相关性进行检验。[①②] 具体检验方法是：基于非空间面板数据模型进行回归分析，根据回归分析的残差项计算 LM 统计量和稳健（Robust）LM 统计量 Elhorst（2010b）。[③]

而在基于非空间面板数据模型进行回归分析时，需要对该模型进行固定效应与随机效应检验，本书采用（Elhorst，2010b）提出的似然比（LR）检验方法对非空间面板数据模型进行时间固定效应和空间固定效应的联合显著性检验[④]，具体检验结果见表 6 - 1。

表 6 - 1　非空间面板模型的空间固定效应和时间固定效应检验

检验项目	*LR* 统计量	自由度	Prob
空间固定效应	1288.40	31	0.0000
时间固定效应	799.76	15	0.0000

从表 6 - 1 中可以发现，农业发展的时间固定效应和空间固定效应均呈现出联合显著。因此，在采用非面板数据模型进行空间自相关性检验时，可以采用双向固定效应的回归分析结果，具体结果见表6 - 2。

① James P LeSage. Applied Econometrics Using MATLAB[M]. Toledo: Department of Economics University of Toledo, 1999.

② Elhorst J P. Matlab Software for Spatial Panels[C]. Presented at the IVth World Conference of the Spatial Econometrics Association (SEA), Chicago, 2010: 9 - 12.

③ Elhorst J P. Spatial Panel Data Models[M]// Fischer M M, Getis A. Handbook of Applied Spatial Analysis. Berlin: Springer, 2010b: 377 - 407.

④ 同③.

表 6-2　非空间面板模型估计及空间自相关性检验

检验项目	统计量	概率
LM Spatial Lag	28.3776	0.000
Robust LM Spatial Lag	24.9958	0.000
LM Spatial Error	9.8952	0.002
Robust LM Spatial Error	6.5134	0.011

从表 6-2 中可以发现，农业发展的 LM 统计量和稳健（Robust）LM 统计量检验均表明存在空间自相关性，且空间滞后项和空间误差项均显著。在空间滞后项和空间误差项均显著的情形下，则需要建立反映空间自相关性一般形式的空间杜宾模型进行回归分析，并通过 Wald 和 LR 统计量检验是否可以将空间杜宾模型简化成空间滞后模型或空间误差模型。由于表 6-1 检验结果表明模型双向固定效应较好，因此在空间杜宾模型的估计中仍然假定为双向固定效应。

（3）空间杜宾模型估计结果

本书在 Matlab 软件中利用 Elhorst（2010a）开发的空间计量工具箱中的相关程序，基于双向固定效应对式（6-7）农业发展的空间杜宾模型进行估计，具体估计结果见表 6-3。

表 6-3　基于双向固定效应的空间杜宾模型估计结果

变量及检验项目	系数	t 统计量	概率
$W*N$	0.1480**	2.4519	0.0142
K	0.0917***	9.3595	0.0000
L	-0.0407	-0.5904	0.5549
M	0.0147	0.4603	0.6453
P	0.5367***	7.7370	0.0000
$W*K$	-0.0323	-1.4064	0.1596
$W*$L	0.4462***	3.5374	0.0004
$W*M$	0.2402***	4.1018	0.0000

续表

变量及检验项目	系数	t 统计量	概率
$W*P$	-0.0610	-0.4549	0.6492
R^2	0.9956		
Log L	543.127		
Wald Test Spatial Lag	45.3526***		0.0000
LR Test Spatial Lag	40.3333***		0.0000
Wald Test Spatial Error	59.5404***		0.0000
LR Test Spatial Error	56.9782***		0.0000

注：***、**、*分别表示1%、5%和10%的显著性水平。

从表6-3中可以发现，Wald和LR统计量均在1%的显著性水平下拒绝空间杜宾模型可以简化成空间滞后模型的原假设，在1%的显著性水平下拒绝空间杜宾模型可以简化成空间误差模型的原假设。因此，本书选择利用空间杜宾模型进行实证分析是科学、合理的。

从表6-3中 $W*N$ 的系数看，农业发展具有显著的空间正相关性，也就是说，邻近地区农业发展可以显著促进本地区农业发展。这可能是因为，地域相邻的地区，农业自然条件具有相似性，从而导致农业发展的相近性。而从变量 K 的系数看，农产品加工企业空间集聚可以显著地促进本地区农业发展，而 $W*K$ 的系数及显著性检验表明，邻近地区农产品加工企业空间集聚可能会对本地区农业发展产生负面影响，但影响不显著。

虽然表6-3已经可以初步揭示农产品加工企业空间集聚对农业发展的影响及其空间溢出效应，但是LeSage和Pace（2009）认为，仅仅凭借空间计量模型的点估计来判断空间溢出效应的存在是有偏误的。①

① LeSage J P, Pace R K. Introduction to Spatial Econometrics[M]. Boca Raton: CRC Press Taylor & Franeis Group, 2009.

为此，他们基于横截面数据的空间计量模型应用偏微分方法，把解释变量对被解释变量的影响，分解为直接影响和间接效应（空间溢出效应）。Elhorst（2010b）则进一步将他们的方法拓展到空间面板数据模型的分析中。[①] 研究采用 Elhorst 的方法，将农产品加工企业空间集聚对农业发展的影响进行分解，具体分解结果见表6－4。

表6－4　农产品加工企业空间集聚对农业发展的直接影响和间接效应

变量	直接影响	t 统计量	间接效应	t 统计量	总效应	t 统计量
K	0.0906***	9.1323	－0.0196	－0.7752	0.0710**	2.5882
L	－0.0245	－0.3585	0.5080***	3.6873	0.4835***	4.1836
M	0.0236	0.7431	0.2725***	4.0322	0.2960***	4.0817
P	0.5364***	7.6704	0.0225	0.1550	0.5589***	3.6218

注：***、**、*分别表示1%、5%和10%的显著性水平。

从表6－4看，农产品加工企业空间集聚对本地区农业发展具有显著的直接影响，但是对邻近地区的农业发展存在一定程度的负外部效应。与表6－3的结果基本一致，仅仅是系数大小有别。这可能是因为，在农产品加工企业空间集聚过程中，一方面会带动本地区农业发展，而对邻近地区农产品需求规模的扩大是有限的；另一方面，由于存在产业竞争，本地区农产品加工企业空间集聚，则可能会对邻近地区农产品加工产业的发展产生抑制作用，进而对邻近地区农业发展也产生抑制作用。

从控制变量的影响系数看，农林牧渔业从业人员的增加并没有促进农业发展，而农作物播种面积和农业机械水平的提升可以促进农业发展。这反映出，随着农业技术水平的不断进步，劳动力要素在农业

① Elhorst J P. Matlab Software for Spatial Panels[C]. Presented at the IVth World Conference of the Spatial Econometrics Association (SEA), Chicago, 2010: 9－12.

发展中的作用已经减弱。此外，从控制变量的间接影响看，邻近地区农业劳动力、农业机械化水平的提高，还可以促进本地区农业发展。这可能是农业机械和农业劳动力的跨区域流动性所导致的。

从表 6-4 中的总效应看，农产品加工企业空间集聚、农业劳动力、农业机械化水平和农作物播种面积均显著促进了农业发展。

四、对农民收入影响的空间计量分析

（一）空间计量模型建立及变量选择

由于农产品加工企业空间集聚对农民收入增长的影响同样可能存在空间外溢效应，因此，仍然建立空间杜宾模型如下：

$$I_{it} = c + \rho \sum_{j=1}^{N} w_{ij} I_{jt} + \alpha_1 K_{it} + \beta_1 Z1_{it} + \delta_1 Z2_{it} + \gamma_1 Z3_{it} + \alpha_2 \sum_{j=1}^{N} w_{ij} K_{jt} + \beta_2 \sum_{j=1}^{N} w_{ij} Z1_{jt} + \delta_2 \sum_{j=1}^{N} w_{ij} Z2_{jt} + \gamma_2 \sum_{j=1}^{N} w_{ij} Z3_{jt} + \varepsilon_{it} \tag{6-8}$$

在式（6-8）中，I_{it} 为 i 区域 t 时期的农民收入水平；K_{it} 为 i 区域 t 时期农产品加工企业空间集聚度；$Z1_{it}$、$Z2_{it}$、$Z3_{it}$ 为控制变量，分别为 i 区域 t 时期的第一产业发展、第二产业发展和第三产业发展情况，这是因为第一、二、三产业发展是农民收入的主要来源；w_{ij} 为空间权重矩阵，可以表示 i 区域与 j 区域的空间相邻情况；ρ 表示邻近区域农民收入对 i 区域农民收入的影响；α_1、β_1、δ_1、γ_1 分别表示 i 区域的农产品加工企业空间集聚和第一、二、三产业发展对 i 区域农民收入的影响；α_2、β_2、δ_2、γ_2 则表示邻近区域的农产品加工企业空间集聚和第一、二、三产业发展对 i 区域农民收入的空间溢出效应。

（二）变量表示及数据说明

在式（6-8）中，I_{it} 用历年农民人均纯收入表示；K_{it} 的表示与前面相同。第一、二、三产业发展分别用第一、二、三产业的增加值来表示。被解释变量及控制变量的相关数据，均来源于历年各个省级行政区域的统计年鉴。在后续的计量分析中，对农民人均纯收入以及第一、二、三产业增加值的数据，均做对数化处理。处理过后的数据，虽然没有具体的实际意义，但同样可以揭示出对农民收入水平的影响大小及影响方向。

（三）空间计量分析结果及解释

（1）空间相关性检验

采用与上文相同的方法，对农民收入变化的空间相关性进行检验。首先采用（Elhorst，2010b）提出的似然比（LR）检验方法对非空间面板数据模型进行时间固定效应和空间固定效应的联合显著性检验，具体检验结果见表6-5。

表6-5 非空间面板模型的空间固定效应和时间固定效应检验

检验项目	*LR* 统计量	自由度	Prob
空间固定效应	1223.7438	31	0.0000
时间固定效应	597.2684	15	0.0000

从表6-5中可以发现，农民收入变化的时间固定效应和空间固定效应均呈现出联合显著特点。因此，可以基于双向固定效应模型对农民收入水平进行空间自相关性检验，具体结果见表6-6。

表 6-6 基于非空间面板模型的空间自相关性检验

检验项目	统计量	概率
LM Spatial Lag	63.7618	0.000
Robust LM Spatial Lag	28.2977	0.000
LM Spatial Error	41.3638	0.000
Robust LM Spatial Error	5.8997	0.015

从表6-6中可以发现，农民收入的LM统计量和稳健（Robust）LM统计量检验均表明存在空间自相关性，且空间滞后项和空间误差项均显著。在空间滞后项和空间误差项均显著的情形下，则需要建立反映空间自相关性一般形式的空间杜宾模型进行回归分析，并通过Wald和LR统计量检验是否可以将空间杜宾模型简化成空间滞后模型或空间误差模型。由于表6-5检验结果表明模型双向固定效应较好，因此在空间杜宾模型的估计中仍然假定为双向固定效应。

（2）空间计量模型估计结果

在Matlab软件中利用Elhorst（2010a）开发的空间计量工具箱中的相关程序，基于双向固定效应对式（6-8）农民收入的空间杜宾模型进行估计，具体估计结果见表6-7。

表 6-7 基于双向固定效应的空间杜宾模型估计结果

变量及检测项目	系数	t 统计量	概率
$W*I$	0.3020***	5.4292	0.0000
K	0.0077	1.4611	0.1440
$Z1$	0.0169	0.8014	0.4229
$Z2$	0.1054***	6.0720	0.0000
$Z3$	0.0885***	3.5030	0.0005
$W*K$	0.0024	0.2317	0.8167
$W*Z1$	0.0691	1.6062	0.1082
$W*Z2$	-0.0096	-0.2504	0.8023

续表

变量及检测项目	系数	t 统计量	概率
$W*Z3$	0.0891	1.5737	0.1156
R^2	0.9966		
Log L	880.1502		
Wald Test Spatial Lag	8.1480*		0.0863
LR Test Spatial Lag	6.8169		0.1459
Wald Test Spatial Error	20.7526***		0.0000
LR Test Spatial Error	18.9165***		0.0000

注：***、**、*分别表示1%、5%和10%的显著性水平。

从表6-7中可以发现，Wald和LR统计量均在10%的显著性水平下拒绝空间杜宾模型可以简化成空间滞后模型的原假设，在1%的显著性水平下拒绝空间杜宾模型可以简化成空间误差模型的原假设。因此，本书选择空间杜宾模型进行实证分析是科学合理的。R^2、Log$L$ 的值均表明模型的拟合优度较好。

从表6-7中 $W*I$ 的系数看，农民收入水平存在显著的空间自相关性；而从变量 K 和 $W*K$ 的系数看，农产品加工企业空间集聚对本地区农民收入增长以及邻近地区农民收入增长均存在促进作用，但是这种促进作用不显著。进一步可以采用Elhorst（2010b）的方法，将农产品加工企业空间集聚对农民收入的影响分解成直接效应、间接效应，具体分解结果见表6-8。

表6-8 农产品加工企业空间集聚对农民收入的直接效应和间接效应

变量	直接影响	t 统计量	间接效应	t 统计量	总效应	t 统计量
K	0.0079	1.4685	0.0075	0.5475	0.0154	1.0089
$Z1$	0.0234	1.0399	0.1020*	1.7189	0.1253*	1.7946
$Z2$	0.1072***	5.5849	0.0271	0.4825	0.1343*	1.9465
$Z3$	0.0978***	3.6411	0.1598**	2.0848	0.2576**	2.8767

注：***、**、*分别表示1%、5%和10%的显著性水平。

从表6－8可以发现，农产品加工企业空间集聚对农民收入增长存在正的直接效应和间接效应，但是影响不显著。第一产业发展对农民收入增长总体上存在促进作用，第二产业和第三产业发展对农民收入增长的促进作用不但显著，而且大于第一产业。这表明，当前农民收入结构发生了重大变化，源自第一产业的家庭经营收入在下降。农产品加工企业空间集聚本身可能对农民收入增长的影响不显著，但是由于第二产业中包含了农产品加工产业，可见，农产品加工产业发展显然是可以显著促进农民收入增长的。

五、对人口城镇化影响的空间计量分析

（一）空间计量模型建立及变量选择

由于农产品加工企业空间集聚对人口城镇化发展的影响同样可能存在空间外溢效应，因此，仍然建立空间杜宾模型如下：

$$U_{it} = c + \rho \sum_{j=1}^{N} w_{ij} U_{jt} + \alpha_1 K_{it} + \beta_1 F_{it} + \delta_1 Z2_{it} + \gamma_1 Z3_{it} + \alpha_2 \sum_{j=1}^{N} w_{ij} K_{jt} + \beta_2 \sum_{j=1}^{N} w_{ij} F_{jt} + \delta_2 \sum_{j=1}^{N} w_{ij} Z2_{jt} + \gamma_2 \sum_{j=1}^{N} w_{ij} Z3_{jt} + \varepsilon_{it} \quad (6-9)$$

在式（6－9）中，U_{it} 为 i 区域 t 时期的人口城镇化水平；K_{it} 为 i 区域 t 时期农产品加工企业空间集聚度；F_{it}、$Z2_{it}$、$Z3_{it}$ 为控制变量，分别为 i 区域 t 时期的交通运输条件、第二产业发展和第三产业发展情况，这是因为在人口城镇化过程中，人口的迁移会受到交通运输条件的影响，而第二、三产业发展提供的就业机会是导致人口向城镇转移的主要原因；w_{ij} 为空间权重矩阵，可以表示 i 区域与 j 区域的空间相邻情况；ρ 表示邻近区域人口城镇化对 i 区域人口城镇化的影响；α_1、β_1、

δ_1、γ_1 分别表示 i 区域的农产品加工企业空间集聚、交通运输条件和第二、三产业发展对 i 区域人口城镇化的影响；α_2、β_2、δ_2、γ_2 则表示邻近区域的农产品加工企业空间集聚、交通运输条件和第二、三产业发展对 i 区域人口城镇化的空间溢出效应。

（二）变量表示及数据说明

在式（6－9）中，人口城镇化水平 U_{it} 用城镇人口占总人口的比重来表示。其中，2005 年及其以后的城镇人口数据可以直接从历年统计年鉴中获得，而 2005 年之前的数据，由于统计年鉴中缺乏对城镇人口和乡村人口的分类统计，仅仅是根据户籍制度的农业人口和非农业人口统计，因此，按照统计年鉴无法计算出具有可比性的城镇化率。林坚（2010）以第五次人口普查为基础，对城镇人口和农村人口的数据进行了校正和修订。[①] 本书 2005 年以前城镇化率的计算便是根据林坚对城镇人口的校正结果得出的。

K_{it} 的表示与前面相同。F_{it} 交通运输条件用公路密度表示，具体计算方法是用各个地区历年等级公路里程除以国土面积。计算该变量所需的数据可以从历年统计年鉴中获得。第二、三产业发展分别用第二、三产业的增加值来表示。被解释变量及控制变量的相关数据，均来源于历年各个省级行政区域的统计年鉴。在后续的计量分析中，对公路密度以及第二、三产业增加值的数据，均做对数化处理。

① 林坚．2000 年以来人口城镇化水平变动省际差异分析——基于统计数据的校正和修补[J]．城市规划，2010(3)：48－56.

（三）空间计量分析结果及解释

（1）空间相关性检验

采用与上文相同的方法，对人口城镇化的空间相关性进行检验。首先采用（Elhorst，2010b）提出的似然比（LR）检验方法对非空间面板数据模型进行时间固定效应和空间固定效应的联合显著性检验，具体检验结果见表6-9。

表6-9　非空间面板模型的空间固定效应和时间固定效应检验

检验项目	*LR* 统计量	自由度	Prob
空间固定效应	1648.6072	31	0.0000
时间固定效应	34.2349	15	0.0032

从表6-5中可以发现，人口城镇化的时间固定效应和空间固定效应均呈现出联合显著相关。因此，可以基于双向固定效应模型对人口城镇化水平进行空间自相关性检验，具体结果见表6-10。

表6-10　基于非空间面板模型的空间自相关性检验

检验项目	统计量	概率
LM Spatial Lag	10.2575	0.001
Robust LM Spatial Lag	6.9183	0.009
LM Spatial Error	21.0947	0.000
Robust LM Spatial Error	17.7555	0.000

从表6-10中可以发现，人口城镇化的LM统计量和稳健（Robust）LM统计量检验均表明存在空间自相关性，且空间滞后项和空间误差项均显著。在空间滞后项和空间误差项均显著的情形下，则需要建立反映空间自相关性一般形式的空间杜宾模型进行回归分析，并通过Wald和LR统计量检验是否可以将空间杜宾模型简化成空间滞后模

型或空间误差模型。表6－9检验结果表明模型双向固定效应较好，因此在空间杜宾模型的估计中仍然假定为双向固定效应。

（2）空间计量模型估计结果

在Matlab软件中，利用Elhorst（2010a）开发的空间计量工具箱中的相关程序，基于双向固定效应对式（6－9）人口城镇化的空间杜宾模型进行估计，具体估计结果见表6－11。

表6－11 基于双向固定效应的空间杜宾模型估计结果

变量及检测项目	系数	t 统计量	概率
$W*U$	0.2260 * * *	3.9541	0.0001
K	2.3361 * * *	11.0275	0.0000
F	1.9058 * * *	3.3229	0.0009
$Z2$	2.9009 * * *	4.4714	0.0000
$Z3$	0.9179	0.8520	0.3942
$W*K$	－2.7645 * * *	－6.1292	0.0000
$W*F$	2.9670 * *	2.1954	0.0281
$W*Z2$	－3.1283 * *	－2.4898	0.0128
$W*Z3$	8.2660 * * *	3.4053	0.0007
R^2	0.9908		
Log L	856.6848		
Wald Test Spatial Lag	60.0114 * * *		0.0000
LR Test Spatial Lag	57.1662 * * *		0.0000
Wald Test Spatial Error	48.2528 * * *		0.0000
LR Test Spatial Error	44.1246 * * *		0.0000

注：＊＊＊、＊＊、＊分别表示1%、5%和10%的显著性水平。

从表6－11中可以发现，Wald和LR统计量均在1%的显著性水平下拒绝空间杜宾模型可以简化成空间滞后模型的原假设，在1%的显著性水平下拒绝空间杜宾模型可以简化成空间误差模型的原假设。因此，本书选择空间杜宾模型进行实证分析是科学、合理的。R^2、Log$L$的值均表明模型的拟合优度较好。

从表6-11中$W*U$的系数看，人口城镇化存在显著的空间正自相关性，即邻近地区的人口城镇化水平会相互促进；而从变量K和$W*K$的系数看，农产品加工企业空间集聚对本地区人口城镇化存在显著的促进作用，对邻近地区人口城镇化则存在显著的抑制作用。进一步可以采用Elhorst（2010b）的方法，将农产品加工企业空间集聚对人口城镇化的影响分解成直接效应、间接效应，具体分解结果见表6-12。

表6-12 农产品加工企业空间集聚对人口城镇化的直接效应和间接效应

变量	直接影响	t统计量	间接效应	t统计量	总效应	t统计量
K	2.1961***	10.2086	-2.9121***	-4.7119	-0.7160	-1.0423
F	2.0946***	3.8126	4.5167**	2.4996	6.6113***	3.7185
Z2	2.7463***	3.9036	-3.1721*	-1.7557	-0.4257	-0.1942
Z3	1.4027	1.2127	10.9657**	3.2046	12.3684***	3.1283

注：***、**、*分别表示1%、5%和10%的显著性水平。

从表6-12的直接影响看，农产品加工企业空间集聚、交通运输条件、第二产业发展均对人口城镇化存在显著的促进作用，第三产业发展虽然对人口城镇化存在促进作用，但不显著。这说明，人口城镇化进程更多是由于第二产业集聚导致的，第三产业对人口城镇化的促进作用有限。从间接效应看，本地区农产品加工企业空间集聚和第二产业发展均对邻近地区人口城镇化存在显著的负面影响。这可能是因为，本地区农产品加工企业空间集聚和第二产业发展，会吸引邻近地区的人口到本地区就业，从而促进本地区城镇人口的增长。但是，由于本地区的“虹吸效应”，将抑制邻近地区农产品加工企业及整个第二产业的发展，从而不利于邻近地区人口城镇化。

六、本章小结

本章详细分析了农产品加工企业空间集聚对农业发展、农民收入增长以及人口城镇化的影响路径，并基于空间面板数据模型对农产品加工企业空间集聚的直接效应和空间外溢效应进行了计量分析。研究结果表明：

首先，农产品加工企业空间集聚可以通过扩大农产品市场需求、降低农产品交易成本、提升农产品品牌价值、促进农业生产技术变革和生产经营制度创新等方式实现。而计量分析结果表明：农产品加工企业空间集聚对本地区农业发展具有显著的直接影响，但是对邻近地区的农业发展存在一定程度的负外部效应。

其次，农产品加工企业空间集聚有利于农民的家庭经营收入、工资性收入和财产性收入增长。农产品加工企业空间集聚对农民收入增长存在正的直接效应和间接效应，但是影响不显著。农产品加工企业空间集聚本身可能对农民收入增长的影响不显著，但是由于第二产业中包含了农产品加工产业，可见，农产品加工产业发展显然是可以显著促进农民收入增长的。

再次，农产品加工企业空间集聚可以通过带动农村人口城镇就业、降低产品交易费用、为城镇人口消费提供支撑等途径促进人口城镇化进程。这种集聚可能会导致邻近地区的人口向本地区转移，从而对邻近地区人口城镇化产生负面影响。空间计量分析结果也表明，农产品加工企业空间集聚对本地区人口城镇化存在显著的促进作用，对邻近地区人口城镇化则存在显著的抑制作用。

第七章　提升农产品加工企业空间集聚效应的对策

上述研究表明，农产品加工企业空间集聚效应主要体现在：农产品加工企业空间集聚不但会对农产品加工产业的成长产生重要影响，而且会对农业发展、农民增收以及人口城镇化等产生不同程度的促进效应。但是，就目前而言，农产品加工企业空间集聚效应的有效发挥仍然受到许多因素的制约。在今后的发展中，需要进一步提升农产品加工企业的空间集聚效应，使农产品加工企业的空间集聚更加有利于经济社会发展。因此，本章将进一步探讨提升农产品加工企业空间集聚效应的对策建议。

一、提升农产品加工企业空间集聚产业成长效应的对策

（一）构建农产品加工企业协同创新体系

前面研究表明，农产品加工企业规模普遍较小，企业研发投入和研发能力不足，进而导致了企业产品附加值低，缺乏创新产品，同质化现象严重。农业农村部农产品加工处调查数据显示，有13.1%的农产品加工企业认为自身技术水平在国内占优势地位。从加工装备看，

食用类农产品加工企业使用的关键生产设备绝大部分是国内品牌，但使用效果明显低于原装进口品牌。从技术联结关系看，62.5%的食用类农产品加工企业与科研单位建立了联结关系，其中，最常见的合作方式是聘请兼职技术顾问；科企共建研发中心也是较常见的技术联结方式，研发中心设在企业和设在科研单位的分别为22.6%和11.4%；企业委托科研单位开发新产品的占比为18.8%，直接购买科研单位技术专利的占比为9.3%。为了更好地发挥农产品加工企业空间集聚对产业效率提升的作用，在农产品加工集聚区内迫切需要构建协同创新体系，具体措施如下：

一是加强农产品加工技术集成基地建设。在农产品加工企业集聚区内，地方政府要根据自身优势和特色，加强农产品加工领域技术集成基地建设。依托具有较强科研实力的地方农产品加工技术研发机构，整合本地区农产品加工的技术资源，由地方财政投资引导与调动农产品加工企业积极性相结合，建设系统性强、集成度高，具有地方特色的农产品加工技术研发与推广应用示范性平台。加大对农产品精深加工技术、智能制造、绿色制造、技术装备等领域研发的财政投入力度，积极构建农产品加工产业技术体系。地方政府的科技项目要适当向农产品加工企业、行业协会倾斜，并积极引导企业不断提升技术水平。对于技术创新能力强、辐射带动能力强的农产品加工企业要给予奖励。鼓励农产品加工企业成长为高新技术企业。对于规模较大的农产品加工企业也要建立产品研发中心、工程技术中心，根据市场需求趋势，加大对绿色食品、功能食品以及精深加工技术的研发投入。

二是促进农产品加工企业间的协同创新。在农产品加工企业集聚区内，不同企业间的产品加工技术存在相似性和同质性。为了提升整个集聚区内农产品加工企业的技术水平和创新能力，地方政府或行业协会，要引导农产品加工企业建立起技术创新联盟。汇集各家企业的研发投入、研发力量，对农产品加工中面临的共同技术难题进行集体攻关。在农产品加工企业技术引进与推广过程中，也要积极促进农产品加工企业进行技术交流。通过技术交流，扩大技术的推广范围，提升推广速度。对于技术使用中存在的问题，可以通过交流更好地克服和解决，从而提高整个农产品加工技术的使用效率。

三是促进农产品加工企业与科研机构的协同创新。在农产品加工企业集聚区内，要积极搭建农产品加工企业与地方高校、地方科研院所的协作平台，构建“以企业为主体，产学研相结合”的创新体系。农产品加工企业将生产经营过程中面临的技术难题及时反馈给相关科研机构。相关科研机构则根据企业的技术需求信息开展技术研发活动。地方政府和农产品加工企业应对相应的技术研发给予资金支持。对于研发中取得的成果，要本着利益共享的原则，在企业和研发机构间建立利益共享机制。

（二）加强农产品加工企业专用原料基地建设

农产品加工产业的发展必须依靠充足、稳定、优质的原材料供应。国外农产品加工产业的发展经验表明，拥有标准化的原料基地和专用的原料品种是农产品加工产业快速成长的重要保障。与国外相比，我国农产品加工产业的原料供应标准化和专用程度不高，这在一定程度上制约了农产品加工企业空间集聚效应的发挥。因此，为了更好地发挥农产品加工企业空间集聚的产业成长效应，在集聚区内要加强专用原料基地建设。具体措施如下：

一是加强农产品加工企业专用原料基地的农业基础设施建设。农产品加工企业集聚区的地方政府，要加大财政资金投入力度，加强对专用原料基地建设所需土地整理，不断改善土地经营条件，提升土地使用价值。加强对专用原料基地所需土地的流转，促进闲散土地向专用原料种植集中。加强对专用原料基地所需的供水、供电、乡村道路、移动通信等基础设施建设。

二是不断提高专用原料基地的专用性程度。在农产品加工企业集聚区，要根据企业的实际需要，筛选出适用于加工的优良品种。以农业供给侧结构性改革为契机，调整农业种植的种养殖结构。在满足居民日常消费的前提下，引导农户和各类农业合作组织、新型农业经营主体扩大对专用加工品种的种植、养殖规模。而农产品加工企业也可以与各类农业经营主体通过直接投资、参股经营、签订长期合同等方式，建设专用原料供应基地。

三是不断提高专用原料基地的标准化程度。农产品加工企业要根据自身对原料的需求，制定农产品种植、养殖的统一技术标准，并积极引导各类农业生产经营主体按照该标准进行生产。对于标准化程度较高的专用原料基地，要在产品收购时适度提高价格，地方政府也要给予一定的财政补贴。

（三）加快农产品加工企业专业劳动力市场建设

专业化劳动力市场共享是促进农产品加工企业空间集聚的重要因素。为了更好地发挥农产品加工企业空间集聚的产业成长效应，迫切需要建立起农产品加工企业的专业化劳动力市场，使农产品加工企业可以获得充足、稳定的劳动力要素供应。然而，农产品加工处调查数据显示，2017 年一季度食用类农产品加工产业存在用工缺口的企业占 38.6%，环比上升 1.9 个百分点。三季度存在用工缺口的食用类农产品加工企业占比 40.1%，同比提高 3.1 个百分点。从子行业看，水产品加工业、果蔬茶加工业用工缺口有所扩大；分地区看，东部、西部、东北地区的用工缺口均有所扩大，而中部地区的食用类农产品加工产业存在用工缺口的企业占比最高，为 44.3%。用工难制约了农产品加工企业空间集聚的形成及产业成长效应的有效发挥。因此，要加快农产品加工企业专业化劳动力市场建设。具体而言，包括以下几个方面：

一是加快农产品加工企业集聚区内农业剩余劳动力的就地转移。地方政府要鼓励和吸引集聚区内外出务工人员返乡就业，应通过召开定期专场招聘会、网络招聘会等形式，为农产品加工企业与务工人员搭建沟通的桥梁。

二是加强对劳动力的专业化培训。地方政府要聘请农产品加工企业及相关行业协会的技术专家，要定期组织相关培训活动，对本地农民工进行农产品加工技术方面的免费培训。通过培训，提升农民工的技术水平和就业能力。

三是促进专业化劳动力的合理、有序流动。在农产品加工企业集聚区内，发挥行业协会和劳动与社会保障部门的作用，进一步规范专业化劳动力的流动。一方面，在对农民工权益进行保护的同时，也要通过期权奖励的形式，稳定农民工就业；另一方面，要签订长期劳动用工协议，在劳动力的流动上要避免不同企业间的恶性竞争，对于恶性竞争行为要进行惩罚。

二、提升农产品加工企业空间集聚农业发展效应的对策

（一）稳定农产品产业联结与交易关系

农产品加工企业空间集聚对农业发展的作用主要体现在，在专业化农产品加工企业空间集聚区内，可以促进对某类农产品的市场需求规模，进而促进该产业发展。在多样化集聚区内，可以扩大多种农产品的市场需求规模，进而促进全产业的发展。不管是专业化集聚区还是多样化集聚区，农产品加工企业与农业生产经营主体的稳定交易关系是促进农业发展的重要条件。为了促进农产品加工产业与农业生产的产业联结，稳定交易关系，建议从以下几个方面着手：

一是对于专业化集聚区，农产品加工企业可以通过定向投入、定向收购的方式，建立起专业化生产基地。专业化生产基地的农户参与专业化生产经营，并与农产品加工企业建立稳定的合同关系和利益联结。专业化生产基地还可以通过专业合作经济组织，加强农业生产的组织化程度，通过“农产品加工企业 + 合作组织 + 农户”的形式，构建产业链接，稳定交易关系。

二是对于多样化集聚区，可以建立起“农产品加工企业 + 农产品经纪人 + 农户”“农产品加工企业 + 原料市场 + 农户”的利益联结模式，构建产业链接和交易关系。对于多样化集聚区而言，农产品加工企业的原材料生产往往是来自其他地区，农产品的流通更加重要。一方面，地方政府要搭建农产品加工的原材料交易市场，协调农产品加工企业与农户之间的交易关系，降低信息不对称程度，促进其签订稳定的供销合同；另一方面，可以通过农产品经纪人，加强农产品加工

企业与各类农户之间的联结关系，并规范农产品经纪人的行为，防止对农户存在欺诈行为。

三是积极探索各类农民合作组织兴办农产品初级加工业。农民可以通过土地经营权入股、生产技术入股、劳动入股的形式，共同组建具有农产品初级加工能力的农民合作组织。在加工型农民合作组织内，要建立起利益共享、风险共担的利益联结机制。

（二）加强对农业发展的技术反哺

农产品加工企业空间集聚对原材料的供应提出了更高品质的要求。为了达到这种要求，一方面，地方政府要加大对相关技术的研发投入；另一方面，则要依靠农产品加工企业对农业生产经营进行技术上的培训指导，从而促进农业技术进步，加快农业现代化步伐。具体而言，可以从以下几个方面着手：

首先，对农民加强技术推广培训。农产品加工企业要协同地方农技部门，通过职业技术学校、专家现场讲座等形式，定期对原料供应地农民开展农业技术推广培训。通过技术推广培训，促进农业技术的采用，不断提高农民科学种植、养殖技能，确保原料生产的标准化程度。

其次，对农民加强生产经营中技术使用指导。为了更好地引导农民使用生产经营技术，提高技术使用效率，农产品加工企业要与地方农技部门一道，定期对农户使用农业技术进行指导，以确保农民能够迅速掌握和熟练运用这些农业技术。

再次，及时解决农民生产经营中的技术难题。对于农民在生产经营过程中反映的技术难题，农产品加工企业要给予必要的人力、物力和财力支持，并与集聚区内的地方农业科研部门一道进行联合攻关。技术难题的解决，可以促使农业技术更新换代，加快农业技术进步。

（三）促进农业生产经营制度变革

农产品加工企业空间集聚不能仅仅将农户作为原料供应方，而应通过发挥企业带头作用，促进集聚区内农业生产经营制度的变革，从而提高农业生产效率，促进农业现代化。具体而言，包括以下几个方面：

一是进一步促进农业生产经营的专业化。在专业化集聚区内，农产品加工企业空间集聚，可以扩大对某类农产品的需求规模。农产品加工企业的带动，会提高农民种植该农产品的积极性，进而提升专业化程度。要使得农产品加工企业空间集聚对农业专业化生产制度变革产生作用，一方面，要建立起专业化生产基地，并对农民进行专业化生产技术指导；另一方面，则需要降低农民专业化生产的市场风险，建立起稳定的利益联结关系，或者通过购买农业保险的形式，提升农民专业化生产市场风险的承担能力。

二是进一步促进农业生产经营的组织化。要加快农产品加工企业空间集聚区内的各类农民合作组织、行业协会建设。一方面，农产品加工企业可以发挥自身在各类农民合作组织和行业协会建设中的带头作用，鼓励、吸引农户参与，并确保农户生产经营的利益；另一方面，地方政府也可以发挥对各类农民合作组织、行业协会的指导作用，帮助其建立起稳定的内部合作机制和利益分享机制。农民之间也可以依托亲情、相邻关系自发建立各类合作组织和行业协会，并以此为单位与农产品加工企业进行交易。

三是进一步促进农业生产经营的规模化。一方面，在农产品加工企业集聚区内，要加快农村剩余劳动力的就地转移。通过构建专业化的劳动力市场，吸引更多农村剩余劳动力到农产品加工企业就业。对于农村剩余劳动力转移过后的闲置土地，地方政府要加强整治，提高其土地利用价值。另一方面，要加快闲置土地的流转步伐，引导闲置土地向农产品加工企业专业化原料供应基地流转。通过农村剩余劳动力转移和闲置土地专业化基地流转相结合的方式，促进农业生产经营的规模化，也确保农产品加工企业获得充足的劳动力和原材料供应。

三、提升农产品加工企业空间集聚农民增收效应的对策

（一）完善农产品加工企业与农户间的利益共享机制

农产品加工企业空间集聚对农民收入增长的影响，首先体现在通过收购农产品加工原料，使农民获得农产品销售收入，从而促进农民家庭经营收入增长。而要确保农民家庭经营收入的稳步增长，就必须使农民与农产品加工企业在交易中获得稳定、合理的收益，必须进一步巩固完善农民与农产品加工企业间的利益共享机制。具体而言，包括以下几个方面：

一是完善农产品加工企业原料收购的价格机制，建立农产品加工企业与农户间稳定的购销关系。对于农产品加工企业与农户间的原材料收购合同，要建立合理定价机制，使价格既能充分体现市场需求变化，又能反映农业生产成本变化。通过参与建立收购风险基金和参与农产品期货市场交易等途径，规避农产品价格下降给农民造成的损失。

二是探索建立农产品加工流通环节的利润反哺机制。对于农产品

加工企业在农产品加工和流通领域获得的超额利润，可以对原材料供应地的农户进行适当的反哺。通过反哺，农产品加工企业与农户可形成利益共同体。地方政府要采取补贴和税收优惠等形式，鼓励农产品加工企业让利于农，使农户能够分享到农产品加工的增值收益。

三是加大对农产品加工企业的金融支持力度。农产品加工企业在生产经营过程中资金短缺，会导致收购农产品的资金难以及时足额给付，从而影响农民增收，破坏企业与农户间的交易关系。各类农村金融机构要创新金融支持方式，探索将农产品加工企业收购资金列入专项政策性贷款的方式方法；扩大抵押物范围，将农产品加工企业的标准化原材料供应基地资产作为抵押，使农产品加工企业更容易获得信贷支持。

（二）保障农产品加工企业就业农民工的合法权益

农产品加工企业空间集聚需要大量的农民工作为生产工人，进而可促进农民工资性收入增长。然而在实际运行过程中，许多农民工由于仅仅是临时工身份，难以享受到法律上规定的合法权益。在今后的发展过程中，要进一步完善农产品加工企业的用工机制，从以下几个方面确保农产品加工企业中就业农民工的合法权益：

首先，引导农产品加工企业与农民工建立长期稳定的用工合同关系。地方劳动和社会保障部门，要积极协调农产品加工企业与农民工之间的劳资关系。鼓励、引导农产品加工企业与农民工建立起长期稳定又适当灵活的用工关系，签订正式的劳动聘用合同。对于一些初加工企业，在用工上具有季节性的特点，也需要签订相应的临时合同，以确保农民工的权益有法可依。

其次，鼓励农产品加工企业为务工的农民建立起完善的社会保障体系。地方劳动和社会保障部门，要积极督促农产品加工企业为务工的农民购买养老、医疗、工伤等社会保险。对于拖欠社保资金的农产品加工企业应给予处罚。对于临时聘用的农民工，可由双方协商确定是否购买社会保险以及社会保险各方的承担比例。

再次，制定农产品加工企业农民工合理的最低工资指导线。地方劳动和社会保障部门，要定期公布与农产品加工产业发展相适应的最低工资指导线，并督促农产品加工企业按照最低工资指导线给付农民工工资，并根据物价水平，确保在农产品加工企业就业的农民工的工资收入得到合理的上涨。

（三）保障农民在土地流转中的合法权益

农产品加工企业空间集聚，一方面，加速了农村土地向城镇化用地转变；另一方面，建设专业化原料供应基地，又加速了农村闲置土地的流转步伐。这两个方面都可以促进农民财产性收入增长。然而，在实际的运行过程中，可能会由于农民土地承包经营权的合法权益无法得到保护，进而对农民财产性收入增长形成制约。因此，地方政府必须规范农产品加工企业的土地流转行为，促进农民财产性收入增长。具体而言，有以下两个方面：

一是制定合理的土地流转定价机制。在土地流转过程中，要坚决制止损害农民权益的行为，签订灵活多样的土地流转合同，根据土地价值的变化趋势，制定合理的土地流转价格，确保农民可以获得长期稳定的土地增值收益。

二是吸引失地农民成为农产品加工企业工人。对于由于土地流转而失去土地经营权的农民，农产品加工企业可以进一步吸收其成为农业生产工人，让失地农民可以继续在自家的土地上从事农业生产经营活动，并获取相应的工资性收入。

四、提升农产品加工企业空间集聚人口城镇化效应的对策

（一）完善农产品加工企业集聚区的市政设施

农产品加工企业空间集聚会引发集聚区内人口的增加，从而加速农村人口的城镇化步伐。但是，农产品加工企业集聚区更多是作为生产空间而存在的，对于人们日常生活中的各种市政设施相对比较欠缺。因此，要想通过农产品加工企业空间集聚促进人口城镇化，就需要对集聚区内的各种市政设施不断进行完善。具体而言，体现在以下几个方面：

一是完善人们日常生活所需的交通、通信、水电气等基础设施。在农产品加工集聚区内，要合理布局居住用地，建设公共保障住房，使农产品加工企业的工人可以获得便利、廉价的居所；要确保日常生活所需的交通、通信、水电气等基础设施，使人们的日常生活得到保障。

二是完善教育、医疗等社区配套设施。在农产品加工集聚区内，随着人口规模的不断扩大，要适当布局小学、幼儿园等教育配套设施，解决集聚区内工人子女的就近入学问题。同时，也要建立社区卫生医院，解决集聚区内人们的就医问题。通过完善教育、医疗等社区配套设施，营造良好的居住环境。

三是完善文化、商业等配套设施。在农产品加工集聚区内要适当

建立公园、广场等活动设施，布局商场、超市等商业设施，满足人们日常消费的需要。要高标准规划建设农产品加工集聚区，按照小城镇标准完善打造。

(二) 加强农产品加工企业集聚区的生态环境建设

农产品加工企业空间集聚可能会导致集聚区内生态环境的恶化，从而对人口城镇化造成不利影响。为了消除这种不利影响，迫切需要加强对农产品加工企业集聚区的生态环境治理。具体而言，应做好以下几点：

一是鼓励企业产品生态化，生产清洁化。鼓励农产品加工企业开发绿色、生态、有机产品，在满足人们消费需求的同时，降低对生态环境的破坏。对于获得绿色有机产品认证的企业，地方政府要给予必要的财政补贴和税收优惠，同时加大对绿色有机产品的宣传力度。鼓励企业采用清洁生产技术，降低生产经营过程中各类废气、废水和固体污染物的排放。对于采用清洁生产技术的农产品加工企业，应给予财政资金的技术投入补贴。

二是发展循环经济，建设生态集聚区。在农产品加工企业集聚区，要引入环境保护产业，促进整个农产品加工产业链的生态化发展。通过环保企业，及时将各类农产品加工企业所排放的各种废弃物变废为宝，循环利用，使农产品加工企业集聚区内各类企业之间在原材料和能源供应上形成互相配套、相互补充的格局。通过对各类资源的循环利用，逐步消除农产品加工企业对各类污染物的排放。

三是加强生态环境治理。完善生态环境治理的设施，在农产品加工企业集聚区建立规模较大的污水处理厂，完善各类排污管道。加强生态环境督查，监督企业采取各种废气、废水处理设施，降低污染物排放。对于不履行职责的企业，要加大惩罚力度。

（三）加强农产品加工企业产品质量安全监管

农产品加工企业空间集聚对人口城镇化的作用，还体现在其为人口城镇化提供必需的消费品。然而，在实际的发展中，由于众多农产品加工企业的产品质量不高，甚至存在食品安全隐患，从而对人口城镇化造成了不利影响。因此，必须进一步提升农产品加工企业的产品质量，更好地满足人们的日常消费需求。具体而言，包括以下几个方面：

一是完善农产品加工企业的产品质量标准体系。依托农业农村部农产品加工业标准化技术委员会，完善各类农产品加工企业的产品质量标准体系。使标准体系既能反映最新的科技发展，又能反映人们消费需求的变化趋势，从而更好地满足城镇人口需求，为人口城镇化提供有力支撑。要进一步要求农产品加工企业必须采用良好的生产操作规范（GMP）、危害分析与关键控制点（HACCP）和 ISO 9000、ISO 22000 等质量管理与控制体系。

二是加强对农产品加工企业的产品质量检测。加快省级质检中心、县级农产品加工品质监站建设。不断提高质检人员素质，采用先进的检测技术手段，扩大农产品加工品的检测范围，完善检测网络体系。要进一步加大对农产品加工企业的产品质量检测力度。对于产品检测不合格的农产品加工企业，要加大惩罚力度。

三是完善农产品加工企业产品质量安全监管体系。围绕农产品加工企业产品原料供应、产品生产、流通、销售等环节，搭建起农业部门、工业部门、质量监督检疫部门、工商行政管理部门、卫生食品药品监督部门等共同参与、联合执法的监管体系，并明确界定各监管部门在不同环节的监管职责，进一步理顺各监管部门之间的关系，确保农产品加工企业的产品质量安全得到全面有效监管。

第八章　研究结论及问题讨论

一、研究结论

本书通过对农产品加工企业空间集聚的现状、空间集聚的形成机理及其影响因素、空间集聚的经济社会效应，以及提升空间集聚效应的对策建议研究，得到如下结论：

①我国农产品加工企业空间集聚呈现出显著的区域特征。从企业数量来看，我国农产品加工企业主要集聚在中东部地区，而东北和西部地区的空间集聚度较低；从企业产值来看，我国农产品加工企业的空间集聚整体比较分散；从企业空间密度指数来看，我国农产品加工企业主要集聚在东部地区，其次是中部地区，而东北和西部地区农产品加工企业空间集聚度整体较低；从分行业来看，绝大多数省份食品、饮料行业的空间集聚度较高，上海、江苏、浙江、福建、广东等东部省份，在纺织、服装行业的空间集聚度较高，而东北和西部地区的林木制品业空间集聚度较高。

②农产品加工企业空间集聚的机理主要包括空间集聚的形成起点、集聚的强化过程、集聚的结果、集聚的边界。原材料供应和市场需求是农产品加工企业空间集聚的起点。农产品加工企业空间集聚的

产生到底是在原料产地还是在市场需求地，则取决于原料运输成本和产成品运输成本的高低。原料供应的强化、市场需求的强化、技术的外溢效应、区域品牌效应、产业内部分工、地方政府支持等因素，会不断提升集聚地区农产品加工企业的空间集聚程度，而农产品加工企业空间集聚的结果表现为专业化集聚和多样化集聚。由于原料供应边界、市场需求边界和企业竞争加剧，农产品加工企业空间集聚不会没有终点，而可能会停止甚至分散。

③农产品加工企业空间集聚主要受原材料供应、市场需求变化、交通运输条件、地方政府支持以及累积循环因果效应的影响。农业发展是农产品加工产业空间集聚的原料供应基础，人口城镇化和非农产业发展是促进农产品加工品市场需求不断扩大，进而导致农产品加工企业空间集聚的条件。交通运输条件的改善对农产品加工企业空间集聚的影响具有不确定性，地方政府支持是农产品加工产业空间集聚的重要原因。从动态面板数据模型的计量分析结果看，我国的农产品加工企业空间集聚度存在非常明显的循环累积因果效应。原材料供应对农产品加工企业空间集聚度的影响已经变得不是非常重要，市场需求对农产品加工企业空间集聚存在显著的促进作用。交通运输条件的改善对于农产品加工企业空间集聚度的影响存在不确定性。政府的支持虽然对农产品加工企业空间集聚存在促进作用，但是这种作用还不显著。

④农产品加工企业空间集聚将通过影响产业规模、产业效率和产业竞争力等方面，对农产品加工产业成长产生影响。门槛面板数据模型的实证分析表明，农产品加工企业空间集聚对农产品加工产业的成长存在显著的门槛效应。具体表现在，农产品加工企业空间集聚度小

于1.7166时，农产品加工企业空间集聚可以显著促进农产品加工产业规模扩大；但是，农产品加工企业空间集聚度大于1.7166时，农产品加工企业空间集聚会对农产品加工产业规模扩张产生负面影响。农产品加工企业空间集聚度对农产品加工产业产业效率的影响，依赖两个门槛变量：一是农产品加工企业空间集聚度本身。当集聚度小于1.21时，农产品加工企业空间集聚可以显著提升农产品加工产业效率；而当集聚度大于1.21时，拥挤效应的负面影响，将导致农产品加工企业空间集聚对效率提升产生副作用。二是农产品加工企业规模。当农产品加工企业规模小于0.3665亿元时，农产品加工企业空间集聚对产业效率的影响不显著；当企业规模大于0.3665亿元时，农产品加工企业空间集聚会显著提升农产品加工产业效率。农产品加工企业空间集聚总体上都可以促进农产品加工产业竞争力提升。当空间集聚度小于3.3时，对竞争力提升的作用更强；而当集聚度大于3.3时，对竞争力提升的作用有所减弱。

⑤农产品加工企业空间集聚将对农业发展、农民收入增长和人口城镇化产生重要影响，且这种影响存在空间外部效应。首先，农产品加工企业空间集聚可以通过扩大农产品市场需求、降低农产品交易成本、提升农产品品牌价值，对促进农业生产技术变革和生产经营制度创新等方面产生积极影响。其次，农产品加工企业空间集聚有利于农民的家庭经营收入、工资性收入和财产性收入增长。再次，农产品加工企业空间集聚可以通过带动农村人口城镇就业、降低产品交易费用、为城镇人口消费提供支撑等途径促进人口城镇化进程。

⑥农产品加工企业空间集聚的经济社会效应需要进一步提升。对产业成长效应而言，要构建农产品加工企业协同创新体系，加强农产

品加工企业专用原料基地建设，加快农产品加工企业专业劳动力市场建设。就农业发展效应而言，要稳定农产品产业连接与交易关系，加强对农业发展的技术反哺，促进农业生产经营制度变革。对农民增收效应而言，要完善农产品加工企业与农户间的利益共享机制，保障农产品加工企业就业农民工的合法权益，保障农民在土地流转中的合法权益。对人口城镇化效应而言，要完善农产品加工企业集聚区的市政设施，加强农产品加工企业产品质量安全监管，加强农产品加工企业集聚区生态环境建设。

二、对需要进一步研究问题的讨论

由于研究能力和研究经费等的限制，本书还存在许多不足。在今后的研究中，需要从以下几个方面进一步完善：

一是在空间尺度上，限于数据可得性的原因，本书主要采用省域空间尺度进行分析。而事实上，农产品加工企业空间集聚更多的是体现在县域空间尺度上。尽管本书对相关数据进行了县域平均化处理，但真正意义上县域尺度的数据仍然欠缺。在今后的研究中，我们将以四川省为例，对农产品加工企业集聚的主要区县开展调查，对县域农产品加工企业的空间集聚问题进行研究。

二是在对农产品加工企业空间集聚影响因素的研究上，本书主要侧重于从宏观层面对农产品加工企业数量的变化及其影响因素进行分析，而在具体到农产品加工企业的微观层面，还缺乏相应的调查数据对这些企业区位选择和空间集聚行为进行分析。在今后的研究中，我们将主要以四川省为例，通过具体农产品加工企业的调查数据，对农产品加工企业空间集聚的影响因素进一步探讨。

三是在对农产品加工企业空间集聚效应的研究上，也同样需要搜集微观层面的数据进行分析。在今后的研究中，我们将以四川省为例，以县级行政区域为空间单元，调查农产品加工集聚地的农业发展、农民收入增长、人口城镇化等情况，研究农产品加工企业空间集聚的外部效应。

附 录

附录 1 基于企业数量的农产品加工企业空间集聚度

地区	2000 年	2001 年	2002 年	2003 年	2004 年	2005 年	2006 年	2007 年	2008 年	2009 年	2010 年	2011 年	2012 年	2013 年	2014 年
北京	0.95	0.93	0.92	0.95	0.68	0.81	0.79	0.75	0.82	0.79	0.80	0.71	0.72	0.71	0.68
天津	0.88	0.85	0.86	0.86	0.81	0.78	0.74	0.70	0.61	0.55	0.56	0.54	0.55	0.55	0.53
河北	1.00	0.99	0.97	0.94	0.94	0.89	0.89	0.85	0.84	0.85	0.86	0.85	0.85	0.85	0.84
山西	0.54	0.49	0.44	0.38	0.40	0.32	0.32	0.27	0.33	0.38	0.37	0.33	0.32	0.33	0.37
内蒙古	0.99	0.96	0.97	0.96	1.07	0.94	0.96	0.99	1.09	1.01	1.00	0.95	0.95	0.90	0.89
辽宁	0.82	0.80	0.82	0.82	0.90	0.79	0.82	0.81	0.70	0.77	0.78	0.78	0.78	0.78	0.78
吉林	1.00	0.96	0.94	0.93	0.83	0.97	1.01	1.05	1.01	1.14	1.17	1.20	1.20	1.21	1.28
黑龙江	1.14	1.10	1.10	1.14	1.05	1.21	1.24	1.23	1.30	1.20	1.24	1.35	1.40	1.46	1.55
上海	0.90	0.91	0.89	0.89	0.81	0.86	0.84	0.81	0.85	0.78	0.77	0.68	0.68	0.69	0.65
江苏	0.97	0.98	1.02	1.01	0.77	1.01	1.05	1.04	0.79	1.01	1.00	0.94	0.94	0.90	0.92
浙江	1.10	1.13	1.16	1.15	1.33	1.15	1.17	1.13	1.21	1.13	1.12	1.12	1.15	1.15	1.13
安徽	1.18	1.17	1.14	1.10	1.23	1.08	1.09	1.08	1.18	1.09	1.08	1.13	1.13	1.13	1.11
福建	1.17	1.17	1.22	1.30	1.52	1.35	1.34	1.35	1.32	1.24	1.24	1.32	1.35	1.37	1.37
江西	1.12	1.08	1.02	1.01	1.28	1.04	0.99	0.94	0.87	0.94	0.99	0.91	0.92	0.96	0.95
山东	1.12	1.15	1.17	1.17	1.17	1.20	1.20	1.19	1.31	1.19	1.18	1.18	1.13	1.15	1.12
河南	1.11	1.12	1.12	1.07	1.05	1.06	1.07	1.07	1.01	1.12	1.09	1.12	1.12	1.10	1.08

续表

地区	2000 年	2001 年	2002 年	2003 年	2004 年	2005 年	2006 年	2007 年	2008 年	2009 年	2010 年	2011 年	2012 年	2013 年	2014 年
湖北	1. 08	1. 07	1. 04	1. 02	1. 20	1. 10	0. 73	1. 12	1. 17	1. 09	1. 09	1. 15	1. 13	1. 12	1. 12
湖南	0. 86	0. 76	0. 84	0. 81	0. 86	0. 83	0. 83	0. 82	0. 81	0. 84	0. 85	0. 87	0. 87	0. 88	0. 89
广东	1. 06	1. 05	1. 04	1. 03	0. 90	0. 99	0. 99	0. 97	1. 06	0. 99	1. 00	1. 00	1. 01	1. 00	0. 98
广西	0. 92	0. 90	0. 87	0. 88	0. 89	0. 94	0. 99	1. 00	1. 10	1. 11	1. 13	1. 14	1. 16	1. 19	1. 20
海南	0. 92	0. 97	1. 03	1. 04	1. 54	1. 20	1. 18	1. 22	1. 36	1. 23	1. 26	1. 10	1. 16	1. 14	1. 21
重庆	0. 69	0. 60	0. 57	0. 58	0. 70	0. 61	0. 62	0. 67	0. 58	0. 71	0. 72	0. 68	0. 69	0. 65	0. 68
四川	0. 89	1. 06	0. 71	0. 85	0. 89	0. 89	0. 90	0. 90	0. 99	0. 93	0. 92	0. 94	0. 97	0. 97	0. 98
贵州	0. 82	0. 77	0. 76	0. 67	0. 64	0. 57	0. 54	0. 54	0. 59	0. 56	0. 57	0. 98	0. 58	0. 71	0. 77
云南	0. 91	0. 88	0. 83	0. 78	0. 85	0. 69	0. 69	0. 70	0. 74	0. 75	0. 77	0. 76	0. 79	0. 85	0. 92
西藏	0. 92	0. 88	0. 98	0. 95	0. 78	0. 79	0. 71	0. 74	1. 18	1. 07	1. 07	1. 14	1. 11	1. 08	1. 09
陕西	0. 93	0. 88	0. 82	0. 79	0. 76	0. 69	0. 65	0. 67	0. 66	0. 73	0. 76	0. 76	0. 76	0. 73	0. 84
甘肃	0. 86	0. 88	0. 89	0. 86	1. 51	0. 79	0. 80	0. 82	0. 94	0. 86	0. 86	0. 88	0. 90	0. 91	0. 92
青海	0. 73	0. 74	0. 64	0. 60	0. 64	0. 61	0. 59	0. 52	0. 61	0. 56	0. 63	0. 59	0. 62	0. 58	0. 62
宁夏	0. 82	0. 78	0. 80	0. 81	0. 89	0. 82	0. 84	0. 82	0. 90	0. 85	0. 85	0. 88	0. 88	0. 95	1. 06
新疆	1. 17	1. 10	1. 09	1. 08	1. 24	1. 05	1. 07	1. 09	1. 15	1. 06	1. 11	1. 11	1. 05	0. 99	0. 96

附录2　基于企业产值的农产品加工企业空间集聚度

地区	2000 年	2001 年	2002 年	2003 年	2004 年	2005 年	2006 年	2007 年	2008 年	2009 年	2010 年	2011 年	2012 年	2013 年	2014 年
北京	0.61	0.56	0.57	0.58	0.51	0.52	0.48	0.47	0.49	0.46	0.43	0.45	0.42	0.39	0.36
天津	0.66	0.66	0.61	0.58	0.49	0.46	0.38	0.37	0.39	0.42	0.42	0.49	0.57	0.57	0.58
河北	1.03	1.05	1.03	0.99	0.91	0.88	0.90	0.88	0.76	0.80	0.79	0.81	0.82	0.86	0.89
山西	0.33	0.28	0.26	0.24	0.22	0.19	0.19	0.19	0.16	0.19	0.19	0.21	0.20	0.23	0.24
内蒙古	1.06	1.12	1.18	1.28	1.26	1.21	1.16	1.13	1.01	0.98	1.00	0.88	0.85	0.86	0.88
辽宁	0.51	0.50	0.52	0.52	0.57	0.57	0.64	0.69	0.66	0.78	0.81	0.84	0.91	0.90	0.86
吉林	0.58	0.59	0.58	0.58	0.66	0.78	0.87	0.94	1.11	1.13	1.16	1.22	1.24	1.23	1.24
黑龙江	0.54	0.57	0.68	0.71	0.77	0.76	0.76	0.83	0.93	1.12	1.22	1.32	1.46	1.65	1.69
上海	0.71	0.71	0.69	0.65	0.61	0.63	0.60	0.58	0.58	0.56	0.55	0.55	0.56	0.56	0.55
江苏	1.12	1.13	1.11	1.05	0.99	1.01	1.02	0.98	0.89	0.87	0.86	0.80	0.79	0.77	0.71
浙江	1.44	1.49	1.49	1.53	1.53	1.46	1.41	1.38	1.35	1.31	1.28	1.20	1.19	1.18	1.16
安徽	1.13	1.07	1.03	1.02	0.99	0.95	0.96	0.99	0.97	0.97	1.00	1.05	1.07	1.06	1.10
福建	1.30	1.32	1.30	1.38	1.55	1.58	1.63	1.69	2.04	1.76	1.76	1.79	1.80	1.79	1.78
江西	0.98	0.93	0.87	0.89	1.00	0.98	0.95	0.95	0.93	1.00	1.00	0.96	1.02	1.04	1.11
山东	1.26	1.28	1.28	1.34	1.41	1.44	1.45	1.47	1.44	1.37	1.35	1.31	1.27	1.23	1.20
河南	1.18	1.19	1.17	1.10	1.17	1.16	1.22	1.12	1.22	1.25	1.32	1.32	1.25	1.25	1.24
湖北	1.19	1.13	1.05	1.09	0.96	0.95	1.01	1.05	1.03	1.10	1.13	1.26	1.36	1.38	1.43
湖南	1.07	1.11	1.13	1.14	1.24	1.23	1.24	1.22	1.20	1.24	1.23	1.20	1.15	1.12	1.15
广东	0.97	0.94	0.91	0.89	0.86	0.84	0.81	0.82	0.87	0.85	0.87	0.88	0.85	0.85	0.85

续表

地区	2000年	2001年	2002年	2003年	2004年	2005年	2006年	2007年	2008年	2009年	2010年	2011年	2012年	2013年	2014年
广西	1.24	1.19	1.26	1.31	1.31	1.28	1.33	1.30	1.32	1.27	1.27	1.31	1.33	1.30	1.27
海南	1.50	1.40	1.31	1.30	1.42	1.52	1.40	1.07	1.10	1.01	1.01	0.84	0.82	0.83	0.89
重庆	0.53	0.52	0.52	0.52	0.59	0.58	0.59	0.59	0.60	0.64	0.66	0.64	0.64	0.60	0.61
四川	1.10	1.10	1.08	1.13	1.21	1.21	1.22	1.24	1.29	1.28	1.29	1.31	1.25	1.23	1.22
贵州	1.01	0.97	0.96	0.93	0.90	0.74	0.73	0.72	0.77	0.78	0.80	0.89	0.90	0.95	0.97
云南	2.01	2.03	2.01	1.93	1.85	1.57	1.39	1.32	1.25	1.32	1.27	1.24	1.31	1.28	1.37
西藏	0.80	0.76	0.92	0.86	0.89	0.96	0.97	1.13	1.23	1.40	1.37	1.41	1.09	1.10	1.40
陕西	0.76	0.69	0.66	0.65	0.59	0.58	0.56	0.58	0.55	0.57	0.56	0.57	0.59	0.63	0.67
甘肃	0.43	0.47	0.51	0.53	0.54	0.43	0.40	0.37	0.43	0.46	0.47	0.44	0.54	0.55	0.58
青海	0.22	0.20	0.23	0.27	0.22	0.30	0.19	0.19	0.23	0.30	0.38	0.25	0.31	0.36	0.45
宁夏	0.55	0.60	0.70	0.81	0.75	0.79	0.77	0.75	0.72	0.78	0.72	0.65	0.63	0.65	0.78
新疆	0.72	0.67	0.73	0.71	0.71	0.55	0.53	0.63	0.51	0.56	0.58	0.51	0.51	0.52	0.56

附录3 县级行政区域农产品加工企业空间密度指数

地区	2000 年	2001 年	2002 年	2003 年	2004 年	2005 年	2006 年	2007 年	2008 年	2009 年	2010 年	2011 年	2012 年	2013 年	2014 年
北京	4.26	3.76	3.66	3.11	2.68	2.97	2.67	2.26	2.21	1.98	2.16	1.46	1.38	1.25	1.19
天津	4.64	4.40	4.04	3.71	3.03	2.82	2.45	2.10	1.80	1.89	1.74	1.49	1.51	1.45	1.38
河北	0.74	0.74	0.67	0.63	0.53	0.54	0.52	0.46	0.41	0.43	0.44	0.50	0.50	0.53	0.55
山西	0.26	0.23	0.20	0.17	0.17	0.13	0.12	0.09	0.08	0.08	0.08	0.09	0.09	0.09	0.09
内蒙古	0.24	0.22	0.22	0.23	0.25	0.24	0.28	0.28	0.29	0.29	0.29	0.35	0.33	0.30	0.29
辽宁	0.87	0.78	0.78	0.82	0.99	0.96	1.14	1.13	1.03	1.19	1.17	1.16	1.13	1.04	0.92
吉林	0.80	0.70	0.63	0.52	0.47	0.47	0.52	0.59	0.59	0.74	0.76	0.90	0.88	0.84	0.85
黑龙江	0.41	0.35	0.35	0.33	0.28	0.28	0.27	0.26	0.30	0.27	0.28	0.31	0.35	0.39	0.39
上海	7.15	7.82	7.40	7.56	6.93	7.02	6.05	5.46	5.64	5.14	4.50	3.48	3.25	3.05	2.73
江苏	2.93	3.05	3.24	3.30	3.07	3.25	3.39	3.47	3.29	3.81	3.84	3.44	3.50	3.39	3.43
浙江	3.20	3.98	4.56	4.78	6.34	5.43	5.60	5.48	5.33	4.95	5.03	3.79	3.86	3.88	3.87
安徽	0.72	0.69	0.67	0.64	0.58	0.57	0.64	0.71	0.86	0.97	1.06	1.17	1.29	1.34	1.42
福建	1.44	1.50	1.66	2.05	2.21	2.08	2.06	2.04	1.79	1.74	1.77	1.91	2.02	2.00	2.03
江西	0.71	0.60	0.50	0.46	0.54	0.49	0.50	0.49	0.43	0.47	0.49	0.51	0.55	0.60	0.65
山东	1.65	1.69	1.79	1.98	2.06	2.49	2.59	2.62	2.67	2.55	2.33	2.66	2.56	2.62	2.52
河南	1.23	1.15	1.08	0.90	0.79	0.76	0.75	0.77	0.80	0.84	0.85	1.13	1.12	1.10	1.12
湖北	1.17	1.09	0.99	0.91	0.76	0.77	0.51	0.84	0.93	0.98	1.08	1.04	1.14	1.23	1.31
湖南	0.60	0.52	0.59	0.58	0.55	0.57	0.58	0.58	0.55	0.60	0.61	0.78	0.76	0.75	0.76
广东	2.98	2.94	3.01	3.02	2.66	3.01	2.90	2.87	3.10	2.81	2.79	2.77	2.61	2.64	2.55

续表

地区	2000 年	2001 年	2002 年	2003 年	2004 年	2005 年	2006 年	2007 年	2008 年	2009 年	2010 年	2011 年	2012 年	2013 年	2014 年
广西	0. 47	0. 44	0. 37	0. 34	0. 32	0. 33	0. 35	0. 34	0. 37	0. 38	0. 43	0. 46	0. 46	0. 46	0. 45
海南	0. 48	0. 48	0. 49	0. 47	0. 47	0. 39	0. 33	0. 25	0. 25	0. 20	0. 20	0. 17	0. 18	0. 17	0. 14
重庆	0. 61	0. 51	0. 46	0. 47	0. 48	0. 47	0. 47	0. 56	0. 59	0. 75	0. 81	0. 75	0. 75	0. 73	0. 83
四川	0. 38	0. 45	0. 30	0. 37	0. 38	0. 41	0. 42	0. 45	0. 50	0. 45	0. 44	0. 55	0. 57	0. 53	0. 54
贵州	0. 35	0. 31	0. 28	0. 24	0. 19	0. 18	0. 15	0. 12	0. 12	0. 12	0. 12	0. 23	0. 15	0. 22	0. 26
云南	0. 26	0. 23	0. 21	0. 18	0. 16	0. 13	0. 13	0. 12	0. 13	0. 13	0. 13	0. 14	0. 16	0. 18	0. 20
西藏	0. 08	0. 08	0. 07	0. 06	0. 02	0. 02	0. 02	0. 01	0. 01	0. 01	0. 01	0. 01	0. 01	0. 01	0. 01
陕西	0. 39	0. 33	0. 30	0. 27	0. 22	0. 20	0. 19	0. 18	0. 17	0. 20	0. 20	0. 23	0. 25	0. 25	0. 30
甘肃	0. 50	0. 54	0. 52	0. 42	0. 35	0. 17	0. 15	0. 15	0. 14	0. 13	0. 13	0. 12	0. 15	0. 16	0. 17
青海	0. 13	0. 11	0. 09	0. 08	0. 07	0. 06	0. 06	0. 05	0. 05	0. 04	0. 05	0. 05	0. 05	0. 05	0. 06
宁夏	0. 25	0. 23	0. 21	0. 23	0. 29	0. 28	0. 29	0. 25	0. 26	0. 25	0. 24	0. 27	0. 29	0. 35	0. 43
新疆	0. 30	0. 24	0. 22	0. 20	0. 19	0. 16	0. 15	0. 15	0. 15	0. 14	0. 18	0. 17	0. 17	0. 17	0. 18

附录 4　食品饮料行业空间密度指数

地区	2000 年	2001 年	2002 年	2003 年	2004 年	2005 年	2006 年	2007 年	2008 年	2009 年	2010 年	2011 年	2012 年	2013 年	2014 年
北京	0.94	0.90	0.94	1.00	1.08	1.12	1.09	1.11	1.06	1.02	1.01	1.10	1.11	1.15	1.18
天津	0.79	0.88	0.88	0.87	0.90	0.88	0.87	0.91	0.95	0.90	0.93	0.98	1.01	1.03	1.04
河北	1.16	1.24	1.25	1.29	1.35	1.25	1.26	1.25	1.23	1.17	1.13	0.99	0.98	1.00	1.01
山西	1.72	1.86	1.96	2.10	2.19	2.31	2.31	2.51	2.51	2.37	2.29	2.13	2.03	2.03	2.03
内蒙古	1.57	1.75	1.83	1.99	2.19	2.29	2.27	2.27	2.22	2.08	2.10	1.97	1.96	1.98	1.98
辽宁	1.20	1.22	1.27	1.36	1.48	1.54	1.48	1.52	1.51	1.57	1.57	1.51	1.51	1.52	1.50
吉林	1.38	1.51	1.61	1.71	1.83	1.98	1.99	2.12	2.08	2.08	2.09	1.89	1.89	1.91	1.80
黑龙江	1.61	1.70	1.80	1.90	2.01	2.09	2.09	2.14	2.13	2.06	2.10	2.08	2.05	2.05	2.06
上海	0.46	0.46	0.46	0.46	0.48	0.47	0.46	0.46	0.45	0.46	0.48	0.58	0.60	0.60	0.63
江苏	0.68	0.64	0.62	0.60	0.57	0.52	0.50	0.47	0.44	0.44	0.44	0.45	0.46	0.46	0.45
浙江	0.49	0.43	0.41	0.40	0.34	0.34	0.33	0.32	0.32	0.31	0.30	0.31	0.30	0.29	0.28
安徽	1.27	1.30	1.25	1.37	1.46	1.50	1.45	1.47	1.48	1.42	1.39	1.26	1.22	1.19	1.16
福建	0.88	0.89	0.86	0.80	0.81	0.81	0.79	0.80	0.92	0.93	0.96	0.89	0.89	0.91	0.95
江西	1.48	1.56	1.53	1.40	1.38	1.21	1.20	1.18	1.16	1.14	1.06	0.86	0.82	0.76	0.72
山东	1.26	1.32	1.36	1.42	1.46	1.47	1.44	1.43	1.41	1.37	1.35	1.24	1.25	1.20	1.18
河南	1.34	1.41	1.51	1.68	1.77	1.79	1.75	1.77	1.73	1.65	1.63	1.42	1.38	1.38	1.38
湖北	1.24	1.29	1.34	1.39	1.45	1.49	2.30	1.52	1.59	1.60	1.61	1.42	1.41	1.41	1.39
湖南	1.24	1.42	1.33	1.33	1.46	1.46	1.50	1.57	1.53	1.56	1.57	1.43	1.43	1.42	1.43
广东	0.53	0.54	0.54	0.54	0.56	0.50	0.49	0.47	0.43	0.45	0.45	0.41	0.42	0.43	0.44

续表

地区	2000年	2001年	2002年	2003年	2004年	2005年	2006年	2007年	2008年	2009年	2010年	2011年	2012年	2013年	2014年
广西	1.55	1.66	1.72	1.74	1.79	1.68	1.62	1.54	1.50	1.45	1.35	1.29	1.26	1.24	1.21
海南	1.55	1.65	1.78	1.78	1.93	1.95	1.98	2.18	2.25	2.24	2.26	2.24	2.22	2.21	2.21
重庆	1.21	1.20	1.16	1.34	1.34	1.47	1.40	1.52	1.58	1.52	1.55	1.39	1.39	1.51	1.43
四川	1.51	1.32	1.98	1.74	1.81	1.90	1.88	1.90	1.83	1.79	1.79	1.64	1.62	1.62	1.61
贵州	1.62	1.82	1.95	2.01	2.17	2.16	2.30	2.27	2.23	2.14	2.25	2.03	2.05	2.04	1.96
云南	1.56	1.66	1.72	1.73	1.83	1.86	1.91	2.11	2.21	2.21	2.19	1.99	2.01	2.03	2.01
西藏	1.22	1.24	1.21	1.20	1.76	1.91	1.98	1.87	1.93	1.84	2.02	2.17	2.21	2.16	2.18
陕西	1.42	1.59	1.67	1.72	1.86	1.99	2.07	2.18	2.17	2.18	2.16	2.02	2.02	2.01	2.03
甘肃	1.40	1.65	1.74	2.00	2.26	2.54	2.50	2.73	2.74	2.67	2.63	2.44	2.41	2.38	2.31
青海	1.93	2.20	2.34	2.36	2.52	2.48	2.36	2.43	2.50	2.35	2.31	2.21	2.14	2.16	2.25
宁夏	1.74	1.84	1.85	1.96	2.03	2.03	2.17	2.27	2.13	2.00	2.03	1.73	1.70	1.75	1.70
新疆	1.56	1.68	1.77	1.89	2.10	2.05	2.09	2.30	2.24	2.25	2.36	2.22	2.20	2.20	2.19

附录 5　纺织服装行业空间密度指数

地区	2000 年	2001 年	2002 年	2003 年	2004 年	2005 年	2006 年	2007 年	2008 年	2009 年	2010 年	2011 年	2012 年	2013 年	2014 年
北京	0.73	0.71	0.67	0.66	0.64	0.62	0.61	0.65	0.63	0.64	0.64	0.70	0.68	0.66	0.61
天津	1.14	1.06	1.04	1.02	0.96	0.95	0.91	0.92	0.85	0.88	0.83	0.76	0.71	0.68	0.66
河北	0.91	0.86	0.85	0.82	0.79	0.91	0.90	0.94	0.96	0.98	1.03	1.09	1.10	1.07	1.07
山西	0.44	0.42	0.41	0.38	0.38	0.33	0.33	0.31	0.27	0.28	0.29	0.28	0.31	0.30	0.29
内蒙古	0.75	0.70	0.67	0.63	0.50	0.47	0.45	0.46	0.46	0.48	0.46	0.40	0.39	0.38	0.36
辽宁	0.78	0.78	0.79	0.74	0.63	0.61	0.64	0.65	0.66	0.60	0.60	0.57	0.58	0.57	0.58
吉林	0.41	0.40	0.38	0.35	0.31	0.23	0.20	0.18	0.16	0.15	0.15	0.15	0.15	0.14	0.13
黑龙江	0.32	0.30	0.27	0.21	0.20	0.17	0.16	0.15	0.14	0.12	0.10	0.11	0.11	0.13	0.12
上海	1.43	1.38	1.36	1.31	1.25	1.23	1.20	1.20	1.19	1.20	1.18	1.16	1.11	1.12	1.04
江苏	1.44	1.45	1.43	1.43	1.42	1.46	1.45	1.48	1.51	1.51	1.51	1.52	1.50	1.51	1.52
浙江	1.62	1.58	1.54	1.49	1.48	1.47	1.47	1.48	1.50	1.54	1.55	1.64	1.65	1.69	1.73
安徽	0.83	0.83	0.83	0.74	0.73	0.74	0.73	0.74	0.72	0.72	0.74	0.80	0.82	0.83	0.84
福建	1.05	1.01	1.06	1.14	1.10	1.09	1.05	1.03	1.11	1.11	1.08	1.27	1.19	1.17	1.18
江西	0.49	0.48	0.55	0.63	0.73	0.81	0.79	0.82	0.84	0.85	0.92	1.05	1.09	1.18	1.24
山东	0.90	0.88	0.86	0.83	0.80	0.81	0.80	0.80	0.80	0.79	0.79	0.83	0.85	0.83	0.82
河南	0.67	0.64	0.60	0.49	0.49	0.53	0.57	0.58	0.57	0.58	0.59	0.68	0.70	0.71	0.70
湖北	0.82	0.79	0.81	0.80	0.78	0.80	1.23	0.84	0.80	0.77	0.75	0.85	0.84	0.83	0.82
湖南	0.59	0.59	0.51	0.50	0.46	0.45	0.42	0.41	0.42	0.39	0.39	0.42	0.45	0.46	0.47
广东	1.35	1.29	1.23	1.21	1.15	1.14	1.12	1.13	1.15	1.16	1.17	1.28	1.28	1.29	1.31

续表

地区	2000年	2001年	2002年	2003年	2004年	2005年	2006年	2007年	2008年	2009年	2010年	2011年	2012年	2013年	2014年
广西	0.36	0.36	0.35	0.30	0.30	0.34	0.36	0.37	0.36	0.33	0.33	0.36	0.37	0.36	0.36
海南	0.18	0.21	0.16	0.15	0.15	0.15	0.11	0.11	0.10	0.13	0.14	0.14	0.11	0.11	0.05
重庆	0.77	0.70	0.70	0.68	0.71	0.68	0.72	0.71	0.65	0.66	0.64	0.71	0.68	0.68	0.55
四川	0.52	0.42	0.18	0.49	0.49	0.48	0.47	0.46	0.45	0.45	0.42	0.44	0.44	0.43	0.42
贵州	0.23	0.21	0.18	0.17	0.18	0.16	0.12	0.09	0.08	0.09	0.09	0.11	0.11	0.14	0.20
云南	0.19	0.17	0.16	0.14	0.13	0.11	0.09	0.09	0.09	0.09	0.09	0.10	0.10	0.10	0.11
西藏	0.69	0.70	0.58	0.57	0.16	0.26	0.14	0.18	0.22	0.23	0.29	0.25	0.23	0.20	0.16
陕西	0.49	0.41	0.40	0.42	0.39	0.36	0.38	0.40	0.39	0.37	0.38	0.39	0.38	0.38	0.33
甘肃	0.55	0.50	0.47	0.35	0.33	0.29	0.29	0.23	0.22	0.21	0.22	0.23	0.21	0.19	0.23
青海	0.40	0.32	0.22	0.31	0.31	0.30	0.34	0.35	0.29	0.35	0.37	0.45	0.49	0.46	0.35
宁夏	0.46	0.41	0.43	0.44	0.45	0.55	0.50	0.46	0.51	0.51	0.54	0.68	0.71	0.67	0.71
新疆	0.56	0.56	0.51	0.43	0.38	0.42	0.43	0.41	0.43	0.39	0.32	0.37	0.37	0.35	0.33

附录 6　林木制品业空间密度指数

地区	2000 年	2001 年	2002 年	2003 年	2004 年	2005 年	2006 年	2007 年	2008 年	2009 年	2010 年	2011 年	2012 年	2013 年	2014 年
北京	0.89	0.94	0.90	0.88	0.88	0.82	0.87	0.93	1.00	0.99	1.00	0.80	0.84	0.85	0.89
天津	1.09	1.09	1.14	1.17	1.27	1.20	1.22	1.21	1.29	1.32	1.35	1.37	1.41	1.31	1.34
河北	1.06	1.01	1.08	1.10	1.11	0.95	0.91	0.88	0.84	0.86	0.79	0.83	0.79	0.80	0.79
山西	0.58	0.54	0.54	0.47	0.53	0.50	0.50	0.48	0.48	0.52	0.57	0.52	0.55	0.54	0.50
内蒙古	0.41	0.42	0.44	0.43	0.61	0.60	0.63	0.67	0.65	0.69	0.68	0.72	0.71	0.69	0.68
辽宁	1.05	1.05	1.07	1.12	1.15	1.21	1.20	1.17	1.12	1.12	1.10	1.07	1.03	1.04	1.05
吉林	1.40	1.33	1.34	1.41	1.53	1.55	1.57	1.49	1.47	1.36	1.32	1.34	1.29	1.28	1.18
黑龙江	1.29	1.33	1.38	1.54	1.52	1.57	1.53	1.55	1.42	1.46	1.41	1.12	1.12	1.09	1.03
上海	1.02	0.95	0.96	0.97	1.00	1.00	1.02	1.03	1.07	1.06	1.08	1.06	1.16	1.18	1.31
江苏	0.79	0.74	0.75	0.74	0.70	0.69	0.69	0.69	0.71	0.76	0.78	0.84	0.84	0.87	0.86
浙江	0.75	0.80	0.81	0.84	0.87	0.85	0.82	0.80	0.81	0.82	0.82	0.81	0.82	0.80	0.79
安徽	0.94	0.92	1.03	1.09	1.08	1.00	1.02	1.02	1.00	1.02	1.02	0.95	0.97	0.97	0.99
福建	1.26	1.26	1.20	1.11	1.16	1.15	1.24	1.31	1.30	1.25	1.19	1.34	1.31	1.35	1.39
江西	1.15	1.15	1.20	1.25	1.14	1.18	1.22	1.23	1.19	1.17	1.15	1.11	1.08	0.97	0.97
山东	0.89	0.87	0.89	0.92	0.97	0.95	0.95	0.98	0.98	1.00	1.01	0.98	1.03	1.02	1.05
河南	1.17	1.17	1.16	1.18	1.14	1.10	1.01	1.01	1.01	1.03	1.02	0.97	0.96	0.94	0.95
湖北	0.91	0.90	0.97	0.91	0.86	0.77	1.15	0.67	0.65	0.64	0.64	0.59	0.63	0.63	0.65
湖南	1.30	1.52	1.53	1.69	1.67	1.75	1.69	1.65	1.60	1.55	1.51	1.45	1.35	1.30	1.25
广东	1.19	1.15	1.19	1.13	1.13	1.21	1.21	1.24	1.24	1.23	1.24	1.20	1.21	1.22	1.22

续表

地区	2000年	2001年	2002年	2003年	2004年	2005年	2006年	2007年	2008年	2009年	2010年	2011年	2012年	2013年	2014年
广西	1.04	1.00	1.07	1.30	1.39	1.60	1.60	1.80	1.82	1.86	1.98	1.82	1.84	1.93	1.99
海南	1.12	1.04	1.17	1.37	1.39	1.41	1.40	1.36	1.15	0.96	0.90	0.76	0.81	0.83	0.80
重庆	0.85	1.00	1.06	0.92	0.98	0.91	0.86	0.80	0.82	0.91	0.91	0.84	0.88	0.98	0.95
四川	1.06	1.88	1.21	1.02	1.00	0.93	0.92	0.99	1.03	1.01	1.06	1.03	1.03	1.04	1.05
贵州	0.81	0.61	0.74	0.70	0.73	0.91	0.89	1.18	1.21	1.24	1.14	1.07	1.05	1.04	1.02
云南	1.08	1.02	1.06	1.18	1.30	1.24	1.20	1.13	0.99	0.92	0.95	0.90	0.90	0.91	0.92
西藏	1.01	0.95	1.40	1.26	1.13	0.76	0.82	1.12	0.69	0.69	0.48	0.52	0.24	0.42	0.33
陕西	1.12	1.00	0.99	0.95	0.88	0.92	0.75	0.70	0.62	0.61	0.59	0.53	0.51	0.52	0.51
甘肃	1.02	0.88	0.90	0.86	0.69	0.54	0.53	0.43	0.33	0.31	0.32	0.26	0.30	0.32	0.26
青海	0.23	0.24	0.42	0.37	0.28	0.35	0.33	0.27	0.17	0.17	0.57	0.00	0.00	0.06	0.10
宁夏	0.95	0.99	0.99	0.84	0.80	0.67	0.55	0.52	0.51	0.57	0.50	0.44	0.40	0.39	0.35
新疆	0.49	0.45	0.55	0.59	0.67	0.71	0.66	0.59	0.53	0.49	0.49	0.34	0.34	0.37	0.36

附录7　农产品加工企业产值

单位：亿元

地区	2000年	2001年	2002年	2003年	2004年	2005年	2006年	2007年	2008年	2009年	2010年	2011年	2012年	2013年	2014年
北京	374	386	428	494	566	714	770	866	971	1009	1142	1248	1321	1368	1353
天津	411	460	481	519	564	621	627	710	936	1095	1371	1979	2702	3043	3296
河北	843	943	1039	1249	1546	1939	2357	2875	3352	3830	4763	6154	7031	7984	8610
山西	96	92	107	131	162	188	216	282	315	345	470	638	680	779	766
内蒙古	189	221	277	383	513	725	934	1256	1648	2107	2600	3021	3113	3582	3548
辽宁	511	531	596	700	953	1236	1743	2425	3128	4380	5690	6767	8845	9605	8663
吉林	231	262	297	343	431	590	805	1167	1774	2267	2956	3987	4948	5523	5876
黑龙江	318	323	401	460	556	713	800	975	1343	1634	2262	2927	3622	4568	4588
上海	1044	1179	1266	1481	1656	1966	2170	2481	2762	2702	3238	3431	3592	3675	3683
江苏	2794	3153	3622	4210	5130	6597	8165	10015	11484	12774	15373	16595	18958	21217	20750
浙江	2266	2793	3441	4349	5581	6711	7941	9589	10491	10756	12799	13059	13924	14983	15587
安徽	446	467	518	591	707	867	1094	1509	2060	2578	3630	5225	6198	7222	8326
福建	808	923	1124	1511	2056	2560	3165	4071	5914	5890	7504	9454	10631	12222	13791
江西	218	224	244	289	430	584	783	1128	1505	1958	2710	3309	4316	5292	6603
山东	2499	2867	3467	4567	6176	8765	10919	14051	17282	19541	22015	25100	29176	32556	34608
河南	978	1088	1185	1304	1720	2433	3278	4407	6070	6913	8954	11910	12864	15131	17265
湖北	871	870	888	971	927	1153	1459	1930	2629	3420	4760	6832	8982	10846	12466
湖南	416	478	558	662	880	1160	1467	1976	2646	3357	4539	6118	6582	7454	8182

续表

地区	2000年	2001年	2002年	2003年	2004年	2005年	2006年	2007年	2008年	2009年	2010年	2011年	2012年	2013年	2014年
广东	2887	3130	3519	4249	4972	6026	7033	8730	10822	11640	14519	16125	16135	18844	20337
广西	295	300	350	418	517	648	865	1142	1523	1750	2377	3236	4023	4671	5173
海南	72	73	82	96	112	143	174	206	231	214	270	258	301	301	351
重庆	122	132	150	182	247	294	365	491	663	861	1182	1449	1671	1922	2326
四川	546	604	700	846	1109	1495	1872	2626	3614	4634	5791	7704	7649	8777	9433
贵州	152	160	181	201	244	249	292	351	458	534	651	951	1122	1500	1814
云南	508	559	626	666	756	814	911	1088	1228	1369	1592	1864	2332	2591	2849
西藏	3	3	4	4	4	5	6	9	11	14	17	20	20	22	32
陕西	213	221	233	273	315	394	486	629	776	973	1230	1563	1960	2353	2753
甘肃	86	105	124	134	167	172	191	232	300	345	448	521	722	849	952
青海	10	9	11	15	16	29	23	30	48	65	110	92	129	172	229
宁夏	31	39	44	63	81	106	127	153	188	228	270	311	376	461	580
新疆	146	140	158	174	218	232	275	402	417	451	608	658	755	908	1066

附录8 农产品加工企业效率定基指数

地区	2000年	2001年	2002年	2003年	2004年	2005年	2006年	2007年	2008年	2009年	2010年	2011年	2012年	2013年	2014年
北京	1	1.23	1.42	1.66	1.81	1.84	1.62	1.98	2.18	2.28	2.39	2.79	3.18	3.89	4.33
天津	1	1.06	1.16	1.38	1.56	1.69	1.58	1.69	1.87	1.95	2.20	2.43	2.61	3.05	3.35
河北	1	1.08	1.12	1.27	1.56	1.71	1.63	2.05	2.32	2.41	2.84	3.23	3.52	4.02	4.24
山西	1	0.96	1.08	1.27	1.48	1.46	1.39	1.52	1.79	2.72	3.07	3.48	3.72	4.26	4.58
内蒙古	1	1.02	1.04	1.19	1.46	1.62	1.68	1.97	2.27	2.31	2.64	3.11	3.39	3.90	4.06
辽宁	1	1.03	1.11	1.19	1.44	1.53	1.61	1.98	2.30	2.42	2.85	3.51	3.92	4.48	4.70
吉林	1	1.04	1.07	1.23	1.42	1.53	1.61	1.93	2.25	2.34	2.42	2.89	3.11	3.42	3.54
黑龙江	1	1.11	1.20	1.39	1.74	1.91	1.92	2.31	2.81	2.89	3.19	3.96	4.78	7.51	10.62
上海	1	1.10	1.17	1.40	1.51	1.51	1.66	1.70	1.94	1.94	2.04	2.24	2.12	2.23	2.24
江苏	1	1.06	1.11	1.12	1.43	1.56	1.70	1.94	2.26	2.40	2.69	3.29	4.10	5.19	6.47
浙江	1	1.10	1.17	1.30	1.50	1.60	1.72	2.10	2.40	2.57	3.20	3.87	4.19	4.66	4.82
安徽	1	1.03	1.04	1.03	1.29	1.30	1.37	1.63	1.91	1.98	2.27	2.65	2.84	3.14	3.34
福建	1	1.03	1.06	1.14	1.30	1.39	1.72	2.42	2.88	2.87	3.27	3.78	4.14	4.66	5.02
江西	1	1.00	1.01	1.02	1.18	1.21	1.23	1.40	1.59	1.61	1.72	1.95	2.08	3.10	3.26
山东	1	1.05	1.09	1.28	1.55	1.70	1.84	2.18	2.53	2.68	2.94	3.25	3.49	3.98	4.26
河南	1	1.05	1.08	1.06	1.41	1.57	1.58	1.83	2.18	2.28	2.67	2.89	3.09	3.43	3.64
湖北	1	1.03	1.05	1.16	1.43	1.42	1.47	1.78	2.23	2.21	2.53	3.04	3.31	3.71	3.96
湖南	1	1.03	1.05	1.14	1.45	1.52	1.51	1.96	2.40	2.21	2.53	2.93	3.12	3.24	3.41
广东	1	1.03	1.10	1.19	1.35	1.54	1.66	1.96	2.47	2.44	2.87	3.45	3.64	3.92	4.15

续表

地区	2000 年	2001 年	2002 年	2003 年	2004 年	2005 年	2006 年	2007 年	2008 年	2009 年	2010 年	2011 年	2012 年	2013 年	2014 年
广西	1	1.03	1.06	1.18	1.44	1.58	1.86	2.27	2.56	2.46	2.73	3.23	3.31	3.59	3.78
海南	1	0.98	1.17	1.18	1.35	1.51	1.85	1.96	2.44	2.63	3.04	3.59	3.73	4.05	4.53
重庆	1	1.02	1.08	1.15	1.41	1.49	1.34	1.66	1.96	2.00	2.16	2.62	2.88	3.16	3.32
四川	1	1.03	1.11	1.23	1.51	1.60	1.60	2.12	2.38	2.18	2.36	2.76	2.96	3.06	3.17
贵州	1	0.99	0.98	1.02	1.12	1.09	1.11	1.22	1.41	1.42	1.56	1.77	2.07	2.37	2.92
云南	1	0.99	1.03	1.09	1.29	1.39	1.49	1.70	1.95	2.00	2.03	2.47	2.74	3.09	3.27
西藏	1	1.01	1.03	1.04	1.10	1.15	1.18	1.29	1.40	1.47	1.55	1.65	1.75	1.89	2.04
陕西	1	1.03	1.08	1.13	1.36	1.48	1.68	2.00	2.48	2.57	3.13	3.81	4.20	4.74	5.10
甘肃	1	1.05	1.06	1.16	1.35	1.44	1.64	1.84	2.12	2.23	2.62	2.86	3.23	3.65	3.90
青海	1	1.13	1.20	1.44	1.59	1.73	1.73	2.15	2.71	2.74	3.32	3.81	4.35	5.42	5.70
宁夏	1	1.09	1.10	1.24	1.47	1.65	1.77	2.09	2.60	2.79	3.48	3.99	4.38	5.12	5.46
新疆	1	1.00	1.03	1.32	1.39	1.49	1.50	1.75	1.86	1.96	2.68	2.66	2.94	3.35	3.60

附录 9　农产品加工企业市场占有率

单位：%

地区	2000 年	2001 年	2002 年	2003 年	2004 年	2005 年	2006 年	2007 年	2008 年	2009 年	2010 年	2011 年	2012 年	2013 年	2014 年
北京	1.84	1.70	1.64	1.57	1.44	1.42	1.26	1.11	1.00	0.92	0.84	0.77	0.72	0.65	0.60
天津	2.02	2.03	1.84	1.65	1.43	1.24	1.02	0.91	0.97	1.00	1.01	1.22	1.46	1.45	1.46
河北	4.14	4.15	3.98	3.96	3.93	3.87	3.84	3.70	3.47	3.49	3.51	3.79	3.81	3.79	3.81
山西	0.47	0.40	0.41	0.42	0.41	0.37	0.35	0.36	0.33	0.31	0.35	0.39	0.37	0.37	0.34
内蒙古	0.93	0.97	1.06	1.22	1.30	1.45	1.52	1.61	1.71	1.92	1.91	1.86	1.69	1.70	1.57
辽宁	2.51	2.33	2.28	2.22	2.42	2.47	2.84	3.12	3.24	3.99	4.19	4.16	4.79	4.56	3.84
吉林	1.13	1.15	1.14	1.09	1.10	1.18	1.31	1.50	1.84	2.07	2.18	2.45	2.68	2.62	2.60
黑龙江	1.56	1.42	1.53	1.46	1.41	1.42	1.31	1.25	1.39	1.49	1.67	1.80	1.96	2.17	2.03
上海	5.12	5.19	4.85	4.70	4.21	3.92	3.54	3.19	2.86	2.46	2.38	2.11	1.95	1.75	1.63
江苏	13.71	13.87	13.87	13.35	13.05	13.16	13.32	12.87	11.89	11.65	11.32	10.21	10.27	10.08	9.19
浙江	11.12	12.28	13.17	13.79	14.20	13.39	12.95	12.32	10.86	9.81	9.42	8.04	7.54	7.12	6.90
安徽	2.19	2.05	1.98	1.87	1.80	1.73	1.78	1.94	2.13	2.35	2.67	3.22	3.36	3.43	3.69
福建	3.96	4.06	4.30	4.79	5.23	5.11	5.16	5.23	6.12	5.37	5.52	5.82	5.76	5.81	6.11
江西	1.07	0.98	0.94	0.92	1.09	1.16	1.28	1.45	1.56	1.79	1.99	2.04	2.34	2.51	2.92
山东	12.26	12.61	13.27	14.48	15.71	17.49	17.81	18.06	17.89	17.82	16.21	15.45	15.80	15.47	15.32
河南	4.80	4.79	4.54	4.14	4.38	4.85	5.35	5.67	6.28	6.31	6.59	7.33	6.97	7.19	7.64
湖北	4.27	3.83	3.40	3.08	2.36	2.30	2.38	2.48	2.72	3.12	3.50	4.20	4.86	5.15	5.52
湖南	2.04	2.10	2.14	2.10	2.24	2.31	2.39	2.54	2.74	3.06	3.34	3.76	3.56	3.54	3.62

续表

地区	2000年	2001年	2002年	2003年	2004年	2005年	2006年	2007年	2008年	2009年	2010年	2011年	2012年	2013年	2014年
广东	14.16	13.77	13.47	13.47	12.65	12.02	11.47	11.22	11.20	10.62	10.69	9.92	8.74	8.96	9.00
广西	1.45	1.32	1.34	1.33	1.31	1.29	1.41	1.47	1.58	1.60	1.75	1.99	2.18	2.22	2.29
海南	0.36	0.32	0.31	0.30	0.29	0.29	0.28	0.26	0.24	0.19	0.20	0.16	0.16	0.14	0.16
重庆	0.60	0.58	0.57	0.58	0.63	0.59	0.60	0.63	0.69	0.79	0.87	0.89	0.91	0.91	1.03
四川	2.68	2.66	2.68	2.68	2.82	2.98	3.05	3.37	3.74	4.23	4.26	4.74	4.14	4.17	4.18
贵州	0.74	0.70	0.69	0.64	0.62	0.50	0.48	0.45	0.47	0.49	0.48	0.58	0.61	0.71	0.80
云南	2.49	2.46	2.39	2.11	1.92	1.62	1.49	1.40	1.27	1.25	1.17	1.15	1.26	1.23	1.26
西藏	0.02	0.01	0.02	0.01	0.01	0.01	0.01	0.01	0.01	0.01	0.01	0.01	0.01	0.01	0.01
陕西	1.05	0.97	0.89	0.86	0.80	0.79	0.79	0.81	0.80	0.89	0.91	0.96	1.06	1.12	1.22
甘肃	0.42	0.46	0.48	0.42	0.42	0.34	0.31	0.30	0.31	0.31	0.33	0.32	0.39	0.40	0.42
青海	0.05	0.04	0.04	0.05	0.04	0.06	0.04	0.04	0.05	0.06	0.08	0.06	0.07	0.08	0.10
宁夏	0.15	0.17	0.17	0.20	0.21	0.21	0.21	0.20	0.19	0.21	0.20	0.19	0.20	0.22	0.26
新疆	0.72	0.62	0.61	0.55	0.55	0.46	0.45	0.52	0.43	0.41	0.45	0.40	0.41	0.43	0.47

参考文献

[1]Allyn A Young. Increasing Returns and Economic Progress[J]. The Economic Journal,1928,38(152):527 -542.

[2]Anselin L, Bera A. Spatial Dependence in Linear Regression Models with an Introduction to Spatial Econometrics [M]//Ullah A, Giles D. Handbook of Applied Economics Statistics. New York: Marcel Dekker, 1998: 237 -289.

[3]Anselin L, Le Gallo J, Jayet H. Spatial Panel Econometrics[M]// Matyas L, Sevestre P. The Econometrics of Panel Data, Fundamentals and Recent Developments in Theory and Practice. 3rd ed. Dordrecht: Kluwer, 2006:901 -969.

[4]Anselin L. Spatial Econometrics: Methods and Models [M]. Boston: Kluwer Academic, 1988.

[5]Arellano M, Bond S. Some Test of Specification for Panel Data: Monte Carlo Evidence and an Application to Employment Equations [J]. Review of Economic Studies, 1991,58(2): 277 -297.

[6]Arellano M, Bover O. Another Look at the Instrumental Variable Estimation of Error Component Model [J]. Journal of Econometrics, 1995,

68(1): 29 -51.

[7]Baldwin R, Okubo T Heterogenous. Firms , Agglomeration and Economic Geography :Spatial Selection and Sorting[J]. Journal of Economic Geography,2006, 6(3):323 -346.

[8]Baltagi B H, Song S H, Jung B C, et al. Testing for Serial Correlation, Spatial Autocorrelation and Random Effects Using Panel Data[J]. Journal of Econometrics ,2007,140(1):5 -51.

[9]Baltagi B H,Song S H ,Koh W. Testing Panel Data Models with Spatial Error Correlation [J]. Journal of Econometrics, 2003 (117): 123 -150.

[10]Hansen B E. Threshold Effects in Non - dynamic Panels: Estimation, Testing, and Inference[J]. Journal of Econometrics, 1999 , 93 (2) : 345 -368.

[11]Becattini G. The Marshallian Industrial District as a Socioeconomic Notion[R] //Pyke F, Becattini G , Sengenberger W . Industrial Districts and Inter - firm Cooperation in Italy . Geneva: International Institute for Labour Studies, 1990:31 -57.

[12]Blundell R,Bond S. Initial Conditions and Moment Restrictions in Dynamic Panel Data Model[J]. Journal of Econometrics, 1998, 87(1): 115 -143.

[13]Brusco S. The Idea of the Industrial District:The Experience of Italy[M]//Keeble D,Wever E. New Firmsand Regional Development in Europe. London:Groom Helm,1990:84 -202.

[14]Caves D W, Christensen L R,Diewert W E. Multilateral Compari-

sons of Output, Input, and Productivity Using Superlative Index Numbers [J]. Economic Journal,1982, 92(365):73 - 86.

[15]Charnes A, Cooper W W, Rhodes E. Measuring the Efficiency of Decision Making Units [J]. European Journal of Operational Research, 1978 (2):429 - 444.

[16] Cliff A, Ord J K. Spatial Processes: Models and Applications [M] . London:Pion,1981.

[17]Combes P,Mayer T,Thisse J F . Economic Geography: The Integration of Regions and Nations [M] . Princeton: Princeton University Press,2008.

[18]Duranton G,Overman H G. Testing for Localization Using Micro - geographic Data[J]. The Review of Economic Studies ,2005,72(4): 1077 - 1106.

[19] Elhorst J P. Specification and Estimation of Spatial Panel Data Models [J] . International Regional Science Review , 2003, 26 (3): 244 - 268.

[20] Elhorst J P, Piras G, Arbia G. Growth and Convergence in a Multi - regional Model with Space - time Dynamics[R]. Paper Presented at the Spatial Econometric Workshop, Rome,2006.

[21]Elhorst J P. Spatial Panel Data Models[M] //Fischer M M ,Getis A. Handbook of Applied Spatial Analysis. Berlin: Springer, 2010: 377 - 407.

[22]Elhorst J P. Matlab Software for Spatial Panels[R]. Presented at the IVth World Conference of the Spatial Econometrics Association (SEA),

Chicago,2010.

[23]Emmanuelle C L, Galliano D. Local Spillovers, Firm Organization and Export Behavior: Evidence from the French Food Industry[J]. Regional Studies, 2003, 37 (2) : 147 - 158.

[24]Fujita M,Krugman P,Venables A J. The Spatial Economy:Cities, Regions and International Trade [M]. Cambridge:MIT Press,1999.

[25]Tong H,Yeung I. Threshold Autoregressive Modelling in Continuous Time[J]. Statistica Sinica,1991 (2) :411 - 430.

[26]Tong H, Lim K S . Threshold Autoregression, Limit Cycles and Cyclical Data[J]. Journal of the Royal Statistical Society,1980 , 42 (3) : 245 - 292.

[27]Tong H. Threshold Models in Non - linear Time Series Analysis [M]. New York:Springer - Verlag , 1983:21.

[28]James P LeSage. Applied Econometrics Using MATLAB[R]. University of Toledo,October 1999.

[29]Burger K,Kameo D,Sandee H. Clustering of Small Agro - processing Firms in Indonesia[J]. The International Food and Agribusiness Management Review,1999(2):289 - 299.

[30]Krugman P . Increasing Returns and Economic Geography [J]. Journal of Political Economy,1991(99) :483 - 499.

[31]LeSage J P , Pace R K . Introduction to Spatial Econometrics [M]. Boca Raton:CRC Press Taylor & Francis Group, 2009.

[32]Melitz M . The Impact of Trade on Intra - industry Reallocations and Aggregate Industry Productivity[J]. Econometrica,2003,71(6):1695 - 1725.

[33] Marshall A . Principles of Economics[M] . Cambridge: Cambridge University Press, 1920 (First published in 1890): 15 – 20.

[34] Martin P, Rogers C A. Industrial Location and Public Infrastructure [J]. Journal of International Economics, 1995, 39 (3/4): 335 – 351.

[35] Mc Cann P. Urban and Regional Economics[M]. Oxford: Oxford University Press, 2001.

[36] Nakamura R, Paul C J M . Measuring Agglomeration[M]// Capello R, Nijkamp P. Handbook of Regional Growth and Development Theories. Northampton, MA: Edward Elgar Publishing, 2009: 305 – 328.

[37] O'Donoghue D, Gleave B. A Note on Methods for Measuring Industrial Agglomeration[J]. Regional Studies, 2004, 38(4): 419 – 427.

[38] Ord J K. Estimation Methods for Models of Spatial Interaction [J]. Journal of the American Statistical Association, 1975(70): 120 – 126.

[39] Paelinck J, Klaassen L. Spatial Econometrics [M]. Farnborough: Saxon House, 1979.

[40] Pascal Mossay. A Theory of Rational Spatial Agglomerations [J]. Regional Science and Urban Economics, 2013, 43(2): 385 – 394.

[41] Paul R Krugman. Geography and Trade [M]. Cambridge Massachusetts: MIT Press, 1991.

[42] Porter M. The Competitive Advantage of Nations[M]. New York: The Free Press, 1998.

[43] Qunyong Wang. Fixed – effect Panel Threshold Model Using Stata [J]. The Stata Journal, 2015(1): 121 – 134.

[44] Brakman S, Garretsen J H, Gigengack R, et al. Negative Feed-

backs and Industrial Location[J]. Journal of Regional Science , 1996(4): 631-651.

[45] Chakravorty S, Koo J, Lall S V. Metropolitan Industrial Clusters: Patterns and Processes[R]. World Bank Policy Research Working Paper , 2003(3073).

[46] Tomoya Moria, Tony E Smith. On the Spatial Scale of Industrial Agglomerations[J]. Journal of Urban Economics, 2015(89): 1-20.

[47] Tone K. A Slacks-based Measure of Efficiency in Data Envelopment Analysis[J]. European Journal of Operational Research, 2001(130): 498-509.

[48] Tone K. A Slacks-based Measure of Super-efficiency in Data Envelopment Analysis[J]. European Journal of Operational Research, 2002(143): 32-41.

[49] Waldo R Tobler. Smooth Pycnophylactic Interpolation for Geographical Regions [J]. Journal of the American Statistical Association, 1979, 74(367): 519-530.

[50] Walter Isard. The General Theory of Location and Space-Economy[J]. The Quarterly Journal of Economics, 1949, 63(4): 476-506.

[51] Walter Isard. Location and Space-Economy[M]. Cambridge Massachusetts: MIT Press, 1956.

[52] Weber A. Theory of the Location of Industries[M]. Chicago: University of Chicago Press: 1929.

[53] William A. Anastasias, Spatial Externalities and Agglomeration in a Competitive Industry[J]. Journal of Economic Dynamics and Control, 2014

(42):143 - 174.

[54] Yang Xiaokai, Jeff Borland. A Microeconomic Mechanism for Economic Growth[J]. Journal of Political Economy ,1991, 99(3):460 - 482.

[55] Yang Xiaokai. A Microeconomic Approach to Modeling the Division of Labor Based on Increasing Returns to Specialization[D]. Princeton : Princeton University, 1988.

[56] Zheng Tian. Measuring Agglomeration Using the Standardized Location Quotient with a Bootstrap Method[J]. Journal of Regional Analysis & Policy,2013,43(2):186 - 197.

[57]安虎森. 空间经济学原理[M]. 北京:经济科学出版社,2005.

[58]奥古斯特·勒施. 经济空间秩序 [M]. 王守礼,译. 北京:商务印书馆,1995:38.

[59]曾亿武,郭红东,邱东茂. 产业集聚效应、要素拥挤与效率改善——基于浙江省农产品加工产业集群的实证分析[J]. 农林经济管理学报,2015,14(3) : 218 - 225.

[60]成洲,廖茜. 制度变迁理论视野下的宜宾茶产业发展创新[J]. 天津农业科学,2015,21(8):59 - 63.

[61]邓健. 试述雅安茶产业现状及发展趋势[J]. 中国农业信息,2016(3):130 - 131.

[62]邓宗兵,吴朝影,封永刚,等. 中国农产品加工产业的地理集聚分析[J]. 农业技术经济,2014(5):89 - 97.

[63]杜凯,周勤. 集聚经济、行业特性与国际竞争力——中国制造业的视角[J]. 经济学家,2008(2):39 - 46.

[64]冯伟,蔡学斌,杨琴,等. 中国农产品加工产业产业集聚的区

位商分析[J]. 中国食物与营养,2016,22(4):24 - 27.

[65]冯伟,蔡学斌,杨琴,等. 中国农产品加工产业的区域布局与产业集聚[J]. 中国农业资源与区划,2016,37(8):97 - 102.

[66]郭雪霞,张慧媛,刘瑜,等. 中国农产品加工产业聚集问题研究与对策[J]. 世界农业,2015(7):162 - 166.

[67]何秀丽,马延吉,刘文新. 吉林省农产品加工产业集聚发展与空间格局研究[J]. 农业系统科学与综合研究,2010(4):420 - 424.

[68]胡佛. 区域经济学导论[M]. 北京:商务印书馆,1990:93 - 100.

[69]李鹏,胡汉辉. 产业集聚与企业空间结构的演化与变迁——基于农产品加工产业的实证分析[J]. 产业经济评论,2015(2):39 - 60.

[70]李晓萍,李平,吕大国,等. 经济集聚、选择效应与企业生产率[J]. 管理世界,2015(4):25 - 38.

[71]梁琦,丁树,王如玉. 总部集聚与工厂选址[J]. 经济学(季刊),2012,11(3):1137 - 1166.

[72]梁琦. 产业集聚的市场因素考察[J]. 江苏行政学院学报,2005(5):51 - 57.

[73]梁琦. 空间集聚的基本因素考察[J]. 衡阳师范学院学报(社会科学版),2003(5):23 - 28.

[74]林坚. 2000 年以来人口城镇化水平变动省际差异分析——基于统计数据的校正和修补[J]. 城市规划,2010(3):48 - 56.

[75]卢凤君,张敏,李世峰. 区域农产品加工产业发展的成功之路:集聚与升级[M]. 北京:中国农业出版社,2008.

[76]马歇尔. 经济学原理[M]. 朱志泰,译. 北京:商务印书馆,1964:45 - 46.

[77]迈克尔·波特．国家竞争优势[M]．李明轩，邱如美，译．北京：华夏出版社，2002：65.

[78]秦建军，武拉平，闫逢柱．产业地理集聚对产业成长的影响——基于中国农产品加工产业的实证分析[J]．农业技术经济，2010(1)：104－111.

[79]苏李，臧日宏．FDI与产业集聚的互动——中国农产品加工产业视角[J]．财经科学，2010(5)：85－91.

[80]苏李，臧日宏，田国英．中国农产品加工产业集聚与绩效评价[J]．软科学，2011(3)：84－87.

[81]孙道伦，曾建威，代安兵，等．乐山茶产业发展现状及"十三五"发展对策[J]．中国茶叶，2016(1)：7－9.

[82]田明，樊杰．新产业区的形成机制及其与传统空间组织理论的关系[J]．地理科学进展，2003(2)：186－194.

[83]王津港．动态面板数据模型估计及其内生结构突变检验理论与应用[D]．武汉：华中科技大学，2009.

[84]王云，李春华．四川茶产业发展现状及今后发展思考[J]．中国茶叶加工，2016(3)：33－38.

[85]魏后凯．我国产业集聚的特点、存在问题及对策[J]．经济学动态，2004(9)：58－61.

[86]吴玉鸣．空间计量经济模型在省域研发与创新中的应用研究[J]．数量经济技术经济研究，2006(5)：74－85.

[87]谢子远，张海波．产业集聚影响制造业国际竞争力的内在机理——基于中介变量的检验[J]．国际贸易问题，2014(9)：24－35.

[88]徐志仓，钱美琴，余雷．农产品加工产业集聚与经济增长研

究——基于乡镇企业的数据[J]. 经济问题探索,2014(8):116-122.

[89]亚当·斯密. 国民财富的性质和原因的研究[M]. 郭大力,王亚南,译. 北京:商务印书馆, 1974.

[90]杨丹萍,毛江楠. 产业集聚与对外贸易国际竞争力的相关性研究——基于中国15个制造业变系数面板数据的实证分析[J]. 国际贸易问题,2011(1):20-28.

[91]战炤磊,王凯. 产业集聚、企业规模与农产品加工产业全要素生产率——来自江苏的证据[J]. 中南财经政法大学学报,2012(5):134-140.

[92]张慧媛,郭雪霞,刘瑜,等. 农产品加工产业园区聚集水平的发展评价[J]. 农业工程学报,2016(S1):320-324.

[93]郑风田. 农产品加工产业集聚区建设[J]. 农产品加工,2013(5):10-11.

[94]周涛,刘继生. 基于区位商方法的加工产业集聚度分析——以东北三省为例[J]. 工业技术经济,2013(5):78-83.

[95]朱明,王海. 农产品加工产业聚集与小城镇建设[J]. 农业工程学报,2006(2):180-184.

[96]宗锦耀. 当前我国农产品加工产业发展形势与任务[J]. 农产品市场周刊,2015(30):33-36.

索 引